Bibliothèque de l'Entreprise de Travaux Publics

PUBLIÉE PAR

L'Outillage de l'Entreprise et de l'Industrie.

A. POPINEAU & Cie

PARIS — 1 bis, Rue Cadet, 1 bis — PARIS

COMMENTAIRE

DE LA

LOI DU 29 DÉCEMBRE 1892

SUR

LES DOMMAGES CAUSÉS A LA PROPRIÉTÉ PRIVÉE

PAR L'EXÉCUTION DES TRAVAUX PUBLICS

PAR

ALFRED DOUSSAUD

AVOCAT

Ancien Commissaire du Gouvernement près le Conseil de Préfecture de la Corrèze,
Ancien Chef de Contentieux
de diverses Compagnies de Chemins de fer et Sociétés financières

« A chacun le sien »

PARIS

IMPRIMERIE ET LIBRAIRIE GÉNÉRALE DE JURISPRUDENCE

MARCHAL & BILLARD

IMPRIMEURS-ÉDITEURS

Libraires de la Cour de Cassation

27, PLACE DAUPHINE, 27

1893

COMMENTAIRE

DE LA

LOI DU 29 DÉCEMBRE 1892

SUR

LES DOMMAGES CAUSÉS A LA PROPRIÉTÉ PRIVÉE

PAR L'EXÉCUTION DES TRAVAUX PUBLICS

DU MÊME AUTEUR :

Les Entrepreneurs des forts construits de 1874 à 1878. — Publié en 1879.

Une loi à refaire ou critique de la loi du 24 juillet 1867 sur les Sociétés, suivie d'un appendice contenant la législation depuis 1509 jusqu'en **1880.** — 1880.

Des Expertises en matières de Travaux publics. — 1880.

Des Marchés à forfait. — 1881 (épuisé).

La Régie. — 1882 (épuisé).

Des Imprévisions dans les Entreprises de Travaux publics — 1886.

De la nécessité du référé en droit administratif. — 1887. (épuisé).

Commentaire de la loi du 22 juillet 1889 sur la procédure à suivre devant les Conseils de Préfecture. — 1891.

Des Extractions de matériaux et des occupations temporaires. — 1892.

ET LES OUVRAGES SUIVANTS EN PRÉPARATION :

Commentaire des nouvelles clauses et conditions générales imposées aux Entrepreneurs des travaux dépendant de l'Administration des Ponts-et-Chaussées. Cahier du 16 février 1892 — *(sous presse)*.

L'Entreprise des Travaux publics :

    I   Travaux communaux *(sous presse)*.

    II   Travaux départementaux.

    III   Travaux de l'Etat — Génie civil — Ponts et Chaussées.

    IV   Génie Militaire — Génie Maritime — Artillerie.

Bibliothèque de l'Entreprise de Travaux publics : (publiée par *l'Outillage de l'Entreprise et de l'Industrie*, A. Popineau & Cie, 1 bis, rue Cadet, à Paris.

De la Compétence en matière de dommages causés aux personnes par l'exécution des Travaux publics.

Règles des réceptions provisoires et définitives.

Les ordres de service et les réserves.

Des causes de résiliations des marchés d'entreprises.

Les changements de carrières et leurs effets.

Suppression, Distraction, Retrait, Augmentation et Diminution dans la masse des travaux et certaines natures d'ouvrages.

DROIT ADMINISTRATIF

Bibliothèque de l'Entreprise de Travaux Publics

PUBLIÉE PAR

L'Outillage de l'Entreprise et de l'Industrie.

A. POPINEAU & CIE

PARIS — 1 bis, Rue Cadet, 1 bis — PARIS

COMMENTAIRE

DE LA

LOI DU 29 DÉCEMBRE 1892

SUR

LES DOMMAGES CAUSÉS A LA PROPRIÉTÉ PRIVÉE

PAR L'EXÉCUTION DES TRAVAUX PUBLICS

PAR

ALFRED DOUSSAUD

AVOCAT

Ancien Commissaire du Gouvernement près le Conseil de Préfecture de la Corrèze,
Ancien Chef de Contentieux
de diverses Compagnies de Chemins de fer et Sociétés financières

« A chacun le sien »

PARIS

IMPRIMERIE ET LIBRAIRIE GÉNÉRALE DE JURISPRUDENCE

MARCHAL & BILLARD

IMPRIMEURS-ÉDITEURS

Libraires de la Cour de Cassation

27, PLACE DAUPHINE, 27

1893

LOI DU 29 DÉCEMBRE 1892

SUR LES

DOMMAGES CAUSÉS A LA PROPRIÉTÉ PRIVÉE

PAR L'EXÉCUTION DES TRAVAUX PUBLICS

OBSERVATIONS GÉNÉRALES

La législation sur les « Extractions des matériaux » et les « Occupations temporaires », — quoique remontant à l'ordonnance du 15 février 1566, et s'arrêtant au décret du 8 juin 1868, — laissait incertaines les solutions d'un grand nombre des plus importantes questions.

Par suite du caractère spécial de chacun des décrets, ordonnances et lois en vigueur, on se demandait encore aujourd'hui si leurs dispositions devaient s'appliquer à tous les travaux, ou quels travaux elles visaient.

Suivant les personnes, les cas ou les administrations, les solutions variaient. D'où des conflits, des incertitudes et des litiges, même sur la matière si délicate des compétences, aussi fâcheux pour l'administration que pour les particuliers.

Il était temps de dissiper tous ces doutes.

C'est ce qu'est venu faire la nouvelle loi.

Désormais et grâce à ses dispositions générales embrassant toutes les opérations nécessaires pour l'exécution des travaux publics, quelle que soit l'administration qui les commande, s'appliquant à tous les agents qui les surveillent ou ayants droit qui les exécutent, tout est prévu et réglé ; les formalités à remplir, les conditions à observer sont nettement précisées et, complément précieux, sont sanctionnées par des pénalités spéciales dont la pratique fera assurément connaître bientôt l'efficacité.

Elle peut se résumer dans les six points suivants :

1° Reconnaissance pour l'administration, ses agents ou ayants droit de pénétrer sur les propriétés privées pour les opérations nécessaires à l'étude des projets des travaux publics ;

2° Consécration du droit, existant pour les mêmes, de faire des extractions et occupations temporaires ayant pour cause l'exécution des travaux publics, sur les propriétés n'attenant pas aux habitations et non closes par des murs ou des clôtures équivalentes ;

3° Indications des formalités à remplir pour exercer ces droits, et des conditions de leurs exercices, réglementation de la fixation des indemnités ;

4° Détermination des tribunaux compétents pour connaître des difficultés ;

5° Clauses pénales sanctionnant l'application de ses prescriptions ;

6° Enfin, abrogation de toute la législation antérieure.

On peut ainsi juger de son importance.

Comme le démontrera l'étude que nous en faisons, c'est une bonne loi constituant un progrès demandé et attendu, arrivant en son temps, aussi complète que possible et ayant cet heureux effet de remplacer le chaos par la lumière, et de mettre à la place de l'arbitraire, des règles sages et préservatrices pour tous.

HISTORIQUE

La législation sur les extractions de matériaux et les occupations temporaires remontant à l'origine même des travaux, était fort incomplète, quoique très variée.

Après l'ordonnance du 15 février 1666 accordant à l'entrepreneur du prolongement de la route de Paris à Orléans, entre Arthenay et Thoury, le droit de prendre des matériaux, pierres, grès, sables, dans les fonds des particuliers, « gens d'église, nobles ou roturiers » vinrent deux arrêts du conseil du roi du 3 octobre 1667 et 3 décembre 1672, consacrant le même droit au profit des entrepreneurs du pavé de Paris et des travaux des grandes routes.

Puis, les trois arrêts du conseil des 22 juin 1706, 7 septembre 1755 et 20 mars 1780, réglementèrent si bien les extractions de matériaux et les occupations de terrain, que leurs dispositions étaient encore en vigueur au moment de la promulgation de la nouvelle loi.

Les difficultés, du reste, étaient grandes à cette époque et les seigneurs, sans recourir aux tribunaux, se faisaient justice eux-mêmes en défendant par la force leurs propriétés, comme nous l'apprend l'arrêt du 7 septembre 1755 qui commence ainsi :

« Le roi remarquant que les entrepreneurs des ponts
» et chaussées sont quelquefois troublés dans l'exécution
» des ouvrages dont ils sont adjudicataires, par les pro-
» priétaires des fonds sur lesquels ils sont obligés de
» prendre les matériaux qui leur sont nécessaires, par
» les seigneurs directs ou justiciers des dits fonds, aussi
» bien que par les grands maîtres des eaux et forêts qui

» défendent *unguibus et rostro* les bois domaniaux à eux
» confiés, a voulu donner des marques de sa protection
» aux ouvrages dont l'utilité est reconnue, et a ordonné. »

L'arrêt du 20 mars 1780, retrouvé à l'occasion d'un procès jugé par le conseil d'Etat le 1er juillet 1840, déclara que tous les terrains seraient soumis aux droits d'extraction, sauf les cours, vergers ou jardins clos de murs, de haies ou de fossés.

L'ordonnance du 17 juillet 1781 confirma cet arrêt en défendant à tous seigneurs, propriétaires fonciers ou autres personnes quelconques d'empêcher les entrepreneurs de prendre les matériaux nécessaires à la construction des ouvrages dont ils sont chargés, dans *les lieux non clos de murs*, sous réserve des indemnités pouvant leur être dues.

La loi du 11 septembre 1790 vint ensuite donner aux directeurs du district et du département, pour juger les demandes en indemnités des particuliers à raison des terrains pris et fouillés, la compétence que la loi du 28 pluviôse, an VIII, attribua définitivement aux conseils de préfectures.

La loi des 28 septembre - 6 octobre 1791 indiqua les formalités à remplir préalablement aux extractions, en déclarant (article 1er de la section 6), que les agents de l'administration ne pourront fouiller les champs pour y chercher des pierres, de la terre ou du sable nécessaires à l'entrepreneur des grandes routes ou autres ouvrages publics, qu'*après* avoir averti les propriétaires, qui devront être justement indemnisés à l'amiable ou à dire d'experts.

L'article 650 du Code civil inscrivit à son tour comme *servitude* légale, établie pour l'utilité publique, l'extraction et l'occupation temporaire ayant *pour objet la construction ou réparation des chemins et autres ouvrages publics ou communaux.*

La loi des 16-26 septembre 1867 sur le dessèchement des marais, dans son article 55, décida que les terrains occupés « pour prendre les matériaux nécessaires aux
» routes et aux constructions publiques pourront être

» payés aux propriétaires comme s'il eussent été pris
» pour la route même. »

L'ordonnance du roi du 1er août 1827 réglementa les extractions dans les forêts de l'Etat.

La loi du 31 mars 1831 régla l'occupation temporaire pour les travaux des fortifications.

La loi du 22 mai 1836 indiqua les formalités à remplir pour les occupations temporaires et extractions nécessaires aux chemins vicinaux.

La loi du 15 juillet 1845 déclara applicables aux propriétés riveraines des chemins de fer, les servitudes imposées par les lois et règlements sur la grande voirie.

L'ordonnance du 8 août 1845 détermina les formalités relatives aux extractions opérées pour les chemins vicinaux, dans les bois régis par l'administration forestière.

Le règlement du 21 juillet 1834 des chemins vicinaux, régla les extractions et occupations nécessitées par leur construction et leur entretien et le mode de fixation des indemnités.

La loi du 16 juin 1859 (Code forestier), indiqua que tout en réservant le droit des ingénieurs d'indiquer les lieux d'extraction, les entrepreneurs seront tenus de payer des indemnités à l'État, aux communes et aux établissements publics, comme aux particuliers et à observer toutes les formes prescrites par les lois et règlements sur la matière.

Enfin, le décret du 8 juin 1868 a réglé définitivement les occupations temporaires de terrains nécessaires à l'exécution des travaux publics.

Mais ce décret, visant surtout les travaux des ponts et chaussées n'était pas considéré comme obligatoire pour les administrations, départements ou communes, ayant à exercer la servitude légale d'extractions et d'occupations temporaires ni pour l'exécution de leurs travaux publics.

C'est ainsi que le ministre de l'intérieur, par son arrêté du 6 décembre 1870, a dû régler à titre provisoire les extractions de matériaux, les dépôts ou enlèvements de terre, les occupations temporaires de terrains pour l'exécution des chemins vicinaux.

Toute cette législation trop particulière pour être généralisée, et peu favorable aux propriétaires, donnait lieu à de nombreuses difficultés pratiques et était généralement critiquée.

Aussi, dès 1869, MM. de Talhouët et Martel déposèrent-ils une proposition assurant aux propriétaires le paiement des matériaux extraits de leur sol. Prise en considération, elle fut arrêtée par la guerre de 1870.

En 1871, M. Christophle et plusieurs de ses collègues la reprirent devant l'Assemblée nationale, en demandant une loi réglementant toute la matière des fouilles, extractions et occupations temporaires.

Leur projet pris en considération et renvoyé à la Commission, fut l'objet d'un rapport remarquable de M. Grisart.

Malheureusement, le ministre ayant déposé en 1873 un autre projet, la discussion fut ajournée indéfiniment.

Le 26 juin 1876, M. Levêque présenta à nouveau le projet de M. Christophle; mais aucune suite ne fut donnée à sa communication.

Les 24 juillet 1879 et 6 décembre 1881, M. Petitbien communiqua à la Chambre des députés une nouvelle proposition qui, après avoir été renvoyée à la Commission, puis soumise par M. Baïhaut, alors ministre des Travaux publics, au Conseil d'Etat, fit l'objet du projet de loi déposé à la séance du 16 août 1884.

Le 8 octobre 1884, M. Develle déposait de son côté, au nom de la Commission, un rapport acceptant les modifications apportées par le ministre des Travaux publics et le Conseil d'Etat au projet Petitbien.

Enfin, en 1892, M. le sénateur Morel fit une proposition de loi sur « les dommages causés à la propriété privée par l'exécution des travaux publics » qui, après avoir fait l'objet de deux rapports favorables, à la séance du 30 mai 1892 au Sénat et à celle du 8 décembre 1892 à la Chambre, fut votée le 29 décembre 1892 avec de légères modifications.

En juin 1892, M. Cabart-Danneville avait aussi fait

une proposition sur la même matière, mais l'adoption du
projet Morel lui donna toute satisfaction.

Ces deux projets et celui adopté concordent en effet
entre eux, sauf en ce qui concerne l'article 15 de M. Cabart-
Danneville, établissant un jury pour le règlement des
différents entre experts, alors que la loi votée conserve les
dispositions de la loi du 22 juillet 1889 sur la procédure
à suivre devant le conseil de préfecture.

Tel est l'historique de la loi nouvelle.

LOI DU 29 DECEMBRE 1892

SUR LES

DOMMAGES CAUSÉS A LA PROPRIÉTÉ PRIVÉE

PAR L'EXÉCUTION DES TRAVAUX PUBLICS

Le Sénat et la Chambre des députés ont adopté,

Le Président de la République promulgue la loi dont la teneur suit :

ARTICLE PREMIER. — Les agents de l'administration ou les personnes auxquelles elle délègue ses droits ne peuvent pénétrer dans les propriétés privées pour y exécuter les opérations nécessaires à l'étude des projets de travaux publics, civils ou militaires, exécutés pour le compte de l'Etat, des départements ou des communes, qu'en vertu d'un arrêté préfectoral indiquant les communes sur le territoire desquelles les études doivent être faites. — L'arrêté est affiché à la mairie de ces communes au moins dix jours avant et doit être représenté à toute réquisition. — L'introduction des agents de l'administration ou des particuliers à qui elle délègue ses droits ne peut être autorisée à l'intérieur des maisons d'habitation; dans les autres propriétés closes, elle ne peut avoir lieu que cinq jours après la notification de l'arrêté au propriétaire, ou en son absence, au gardien de la propriété.

A défaut de gardien connu, demeurant dans la commune, le délai ne court qu'à partir de la notification au propriétaire, faite en la mairie; ce délai expiré, si personne ne se présente pour permettre l'accès, lesdits agents ou particuliers peuvent entrer avec l'assistance du juge de paix,

Il ne peut être abattu d'arbres fruitiers, d'ornement ou de haute futaie, avant qu'un accord amiable ne soit établi sur leur valeur ou qu'à défaut de cet accord, il ait été procédé à une constatation contradictoire, destinée à fournir les éléments nécessaires pour l'évaluation des dommages.

A la fin de l'opération, tout dommage causé par les études est réglé entre le propriétaire et l'administration dans les formes indiquées par la loi du 22 juillet 1889.

Art. 2. — Aucune occupation temporaire de terrain ne peut être autorisée à l'intérieur des propriétés attenant aux habitations et closes par des murs ou par des clôtures équivalentes, suivant les usages du pays.

Art. 3. — Lorsqu'il y a lieu d'occuper temporairement un terrain, soit pour en extraire ou ramasser des matériaux, soit pour y fouiller ou y faire des dépôts de terre, soit pour tout autre objet relatif à l'exécution de projets de travaux publics, civils ou militaires, cette occupation est autorisée par un arrêté du préfet indiquant le nom de la commune où le territoire est situé, les numéros que les parcelles dont il se compose portent sur le plan cadastral et le nom du propriétaire tel qu'il est inscrit sur la matrice des rôles.

Cet arrêté indique, d'une façon précise, les travaux à raison desquels l'occupation est ordonnée, les surfaces sur lesquelles elle doit porter, la nature et la durée de l'occupation et la voie d'accès.

Un plan parcellaire désignant par une teinte les terrains à occuper est annexé à l'arrêté, à moins que l'occupation n'ait pour but exclusif le ramassage des matériaux.

Art. 4. — Le préfet envoie ampliation de son arrêté et du plan annexé au chef de service public compétent et au maire de la commune.

Si l'administration ne doit pas occuper elle-même le terrain, le chef de service compétent remet une copie certifiée de l'arrêté à la personne à laquelle elle a délégué ses droits.

Le maire notifie l'arrêté au propriétaire du terrain, ou, si celui-ci n'est pas domicilié dans la commune, au fermier, locataire, gardien ou régisseur de la propriété; il y joint une copie du plan parcellaire et garde l'original de cette notification.

S'il n'y a dans la commune personne ayant qualité pour recevoir la notification, celle-ci est valablement faite par lettre chargée adressée au dernier domicile connu du propriétaire. L'arrêté et le plan parcellaire restent déposés à la mairie pour être communiqués sans déplacement aux intéressés, sur leur demande.

ART. 5. — Après l'accomplissement des formalités qui précèdent et à défaut de convention amiable, le chef de service ou la personne à laquelle l'administration a délégué ses droits fait au propriétaire du terrain, préalablement à toute occupation du terrain désigné, une notification par lettre recommandée, indiquant le jour et l'heure où il compte se rendre sur les lieux ou s'y faire représenter.

Il l'invite à s'y trouver ou à s'y faire représenter lui-même, pour procéder contradictoirement à la constatation de l'état des lieux.

En même temps, il informe par écrit le maire de la commune de la notification par lui faite au propriétaire.

Si le propriétaire n'est pas domicilié dans la commune, la notification est faite conformément aux stipulations de l'article 4.

Entre cette notification et la visite des lieux, il doit y avoir un intervalle de dix jours au moins.

ART. 6. — Lorsque l'occupation temporaire a pour objet exclusif le ramassage des matériaux à la surface du sol, les notifications individuelles prescrites par les articles 4 et 5 de la présente loi sont remplacées par des notifications collectives par voie d'affichage et de publication à son de caisse ou de trompe dans la commune. En ce cas, le délai de dix jours, prescrit à l'article précédent, court du jour de l'affichage.

ART. 7. — A défaut par le propriétaire de se faire représenter sur les lieux, le maire lui désigne d'office un représentant pour opérer, contradictoirement avec celui de l'administration ou de la personne au profit de laquelle l'occupation a été autorisée.

Le procès-verbal de l'opération, qui doit fournir les éléments nécessaires pour évaluer le dommage, est dressé en trois expéditions destinées, l'une à être déposée à la mairie et les deux autres à être remises aux parties intéressées.

Si les parties ou les représentants sont d'accord, les travaux autorisés par l'arrêté peuvent être commencés aussitôt.

En cas de désaccord sur l'état des lieux, la partie la plus diligente saisit le conseil de préfecture et les travaux pourront commencer aussitôt que le conseil aura rendu sa décision.

ART. 8. — Tout arrêté, qui autorise des études ou une occupation temporaire, est périmé de plein droit s'il n'est suivi d'exécution dans les six mois de sa date.

ART. 9. — L'occupation des terrains ou des carrières nécessaires à l'exécution des travaux publics ne peut être ordonnée pour un délai supérieur à cinq années.

Si l'occupation doit se prolonger au delà de ce délai, et à défaut d'accord amiable, l'administration devra procéder à l'expropriation, qui pourra aussi être réclamée par le propriétaire dans les formes prescrites par la loi du 3 mai 1841.

ART. 10. — Immédiatement après la fin de l'occupation temporaire des terrains et à la fin de chaque campagne, si les travaux doivent durer plusieurs années, la partie la plus diligente, à défaut d'accord amiable sur l'indemnité, saisit le conseil de préfecture pour obtenir le règlement de cette indemnité conformément à la loi du 22 juillet 1889.

ART. 11. — Avant qu'il soit procédé au règlement de cette indemnité, le propriétaire, figurant dans l'instance ou dûment appelé, est tenu de mettre lui-même en cause ou de faire connaître à la partie adverse, soit par la demande introductive d'instance, soit dans un délai de quinzaine à dater de l'assignation qui lui est donnée, les fermiers, les locataires, les colons partiaires, ceux qui ont des droits d'usufruit ou d'usages tels qu'ils sont réglés par le Code civil, et ceux qui peuvent réclamer des servitudes résultant des titres mêmes du propriétaire ou d'autres actes dans lesquels il serait intervenu; sinon il reste seul chargé envers eux des indemnités que ces derniers pourront réclamer.

ART. 12. — Néanmoins, en cas d'insolvabilité du propriétaire, les tiers dénommés à l'article précédent ont, pendant le délai déterminé par l'article 17 de la présente loi, recours subsidiaire contre l'administration ou la personne à laquelle elle a délégué ses droits, à moins que l'arrêté autorisant l'occupation ait été affiché dans la commune et inséré dans un journal de l'arrondissement ou, à défaut, dans un journal du département.

ART. 13. — Dans l'évaluation de l'indemnité, il doit être tenu compte tant du dommage fait à la surface que de la valeur des matériaux extraits. La valeur des matériaux sera estimée d'après les prix courants sur place, abstraction faite de l'existence et des besoins de la route pour laquelle ils sont pris ou des constructions auxquelles on les destine, et en tenant compte des frais de découverte et d'exploitation.

Les matériaux n'ayant d'autre valeur que celle qui résulte du travail de ramassage ne donnent lieu à l'indemnité que pour le dommage causé à la surface.

ART. 14. — Si l'exécution des travaux doit procurer une augmentation de la valeur immédiate et spéciale à la propriété, cette augmentation sera prise en considération dans l'évaluation du montant d'indemnité.

ART. 15. — Les constructions, plantations, améliorations ne donneront lieu à aucune indemnité lorsque, à à raison de l'époque où elles auront été faites, ou de tout autre circonstance, il peut être établi qu'elles ont été faites dans le but d'obtenir une indemnité plus élevée.

ART. 16. — Les matériaux dont l'extraction est autorisée, ne peuvent, sans le consentement écrit du propriétaire, être employés, soit à l'exécution de travaux privés, soit à l'exécution de travaux publics autres que ceux en vue desquels l'autorisation a été accordée.

En cas d'infraction, le contrevenant paye la valeur des matériaux extraits, et est puni correctionnellement d'une amende qui sera fixée ainsi qu'il suit :

Par charretée ou tombereau, de 10 francs à 30 francs par chaque bête attelée ;

Par charge de bête de somme, de 5 à 15 francs ;

Par charge d'homme, de 2 à 6 francs.

Les mêmes peines sont applicables au cas où l'extraction n'aurait pas été précédée de l'autorisation administrative.

Il pourra être fait application de l'article 463 du Code pénal.

ART. 17. — L'action en indemnité des propriétaires ou autres ayants droit, pour toute occupation temporaire de terrains autorisée dans les formes prévues par la présente loi, est prescrite par un délai de deux ans à compter du moment où cesse l'occupation.'

ART. 18. — Les propriétaires des terrains occupés ou fouillés et les autres ayants droit ont, pour le recouvrement des indemnités qui leur sont dues, privilège et préférence à tous les créanciers sur les fonds déposés dans les caisses publiques pour être délivrés aux entrepreneurs ou aux personnes auxquelles l'administration a délégué ses droits dans les conditions de la loi du 25 juillet 1891.

En cas d'insolvabilité de ces personnes, ils ont un recours subsidiaire contre l'administration, qui doit les indemniser intégralement.

ART. 19. — Les plans, procès-verbaux, certificats, significations, jugements, contrats, quittances et autres actes faits en vertu de la présente loi seront visés pour timbre et enregistrés gratis, quand il y aura lieu à la formalité de l'enregistrement.

Art. 20. — Toutes les dispositions antérieures des lois, anciens arrêts du conseil, ordonnances, décrets et règlements, demeurent abrogés en ce qu'elles auraient de contraire à la présente loi. Toutefois, la loi du 30 mars 1881, relative à l'expropriation et à l'occupation temporaire, en cas d'urgence, des propriétés privées, nécessaires aux travaux de fortification continuera à recevoir son application.

La présente loi, délibérée et adoptée par le Sénat et par la Chambre des députés, sera exécutée comme loi de l'Etat.

Fait à Paris, le 29 décembre 1892.

Par le Président de la République,
CARNOT.

Le Ministre des Travaux publics,
VIETTE.

Le Ministre de l'Agriculture,   *Le Ministre de l'Intérieur,*
JULES DEVELLE.   ÉMILE LOUBET.

COMMENTAIRE

DE LA

LOI DU 29 DÉCEMBRE 1892

ARTICLE PREMIER

« *Les agents de l'Administration ou les personnes*
» *auxquelles elle délègue ses droits ne peuvent pénétrer*
» *dans les propriétés pour y exécuter les opérations*
» *nécessaires à l'étude des projets des travaux publics,*
» *civils ou militaires, exécutés pour le compte de l'État,*
» *des départements ou des communes qu'en vertu d'un*
» *arrêté préfectoral indiquant les communes sur le terri-*
» *toire desquelles les études doivent être faites. — L'arrêté*
» *est affiché à la mairie de ces communes au moins dix*
» *jours avant et doit être représenté à toute réquisition.*
» *— L'introduction des agents de l'Administration ou des*
» *particuliers à qui elle délègue ses droits, ne peut être*
» *autorisée à l'intérieur des maisons d'habitation; dans*
» *les autres propriétés closes, elle ne peut avoir lieu que*
» *cinq jours après notification de l'arrêté au propriétaire*
» *ou, en son absence au gardien de la propriété.*

» *A défaut de gardien connu demeurant dans la com-*
» *mune, le délai ne court qu'à partir de la notification au*
» *propriétaire, faite en la mairie; ce délai expiré, si*
» *personne ne se présente pour permettre l'accès, les dits*
» *agents ou particuliers peuvent entrer avec l'assistance*
» *du Juge de paix.*

» *Il ne peut être abattu d'arbres fruitiers, d'ornement*
» *ou de haute futaie avant qu'un accord amiable ne soit*

2

» *établi sur leur valeur, ou qu'à défaut de cet accord il ait*
» *été procédé à une constatation contradictoire destinée à*
» *fournir les éléments nécessaires pour l'évaluation des*
» *dommages.*

» *A la fin de l'opération, tout dommage causé par*
» *les études est réglé entre le propriétaire et l'admi-*
» *nistration dans les formes indiquées par la loi du*
» *22 Juillet 1889.* »

1 — Tout ouvrage comporte une étude préalable du projet et l'exécution ne vient qu'après.

Or, jusqu'à ce jour, on s'était demandé si en vertu de la législation existante, les agents de l'Etat, des départements, des communes, leurs concessionnaires, entrepreneurs ou ayants droit pouvaient pénétrer dans les propriétés privées afin d'y faire les études préliminaires indispensables pour l'exécution des travaux.

La raison disait : « oui et pour tous, » mais les lois et arrêts répondaient « non, ou bien pour quelques-uns seulement, et dans des cas déterminés. »

Au début, où l'on ne s'entendait sur rien, pas même sur ce qu'il fallait comprendre par :

Travaux publics de l'Etat, travaux communaux, travaux départementaux,

Entrepreneurs, fournisseurs,

Occupation temporaire,

Extractions,

Ramassage de matériaux,

Fouilles,

on n'était d'accord ni sur :

L'application des règles édictées depuis plus de trois siècles,

Les formalités préalables indispensables,

Les terrains soumis à la servitude légale d'occupation,

Les indemnités dues, leur mode d'évaluation, de paiement, les compensations à établir,

La compétence des tribunaux administratifs et civils.

C'est ainsi que, d'abord le droit d'occupation et d'extraction fut attribué aux seuls entrepreneurs de la route d'Orléans et du pavé de Paris, ensuite étendu aux entrepreneurs des ponts-et-chaussées et chemins du royaume, puis accordé aux simples fournisseurs de matériaux destinés au pavage de la ville de Paris, enfin étendu à tous les entrepreneurs et tous les fournisseurs de matériaux à employer pour les travaux publics.

Le droit accordé pour les travaux des ponts et chaussées fut contesté et l'était encore avant la nouvelle loi pour les travaux militaires, même après la construction des nombreux forts édifiés de 1874 à 1878.

« Avec un certain nombre d'auteurs — disait M. Auger
» dans son *Traité des travaux*, publié en 1890 — et
» notamment M. Aucoc, nous pensons que la servitude
» d'extraction *n'est point applicable aux travaux mili-*
» *taires, fortifications, casernes, etc.* »

Les lieux d'extraction devaient être désignés par les ingénieurs d'abord, puis par les marchés ou devis, et enfin à leur défaut, par les arrêtés des préfets.

Mais, ici encore, des difficultés sans nombre se présentaient sur la compétence des préfets et la valeur de leurs arrêtés, les formalités à remplir pour l'occupation temporaire.

Arrivait ensuite la question capitale de savoir quels terrains sont soumis à la servitude et quels terrains en sont légalement dispensés. Les abattages d'arbres présentaient aussi de très grandes complications. Puis les règlements des dommages, le mode de nomination des experts, la fixation des indemnités faisaient naître des litiges innombrables.

La compétence des tribunaux pouvant connaître des difficultés suivant que l'occupation était régulière ou non, soulevait des conflits et des débats fréquents. Enfin, il n'existait pas de loi ayant prévu le cas spécial de réparation à accorder au propriétaire lésé par suite des études nécessaires pour l'exécution des travaux publics.

2 — Aussi, préoccupées de faire cesser cet état de

chose, les précédentes législations avaient-elles étudié les projets de loi déposés en 1871, 1876, 1879, 1881, qui ont abouti à celle votée le 29 décembre 1892 et avaient le même but.

Grâce aux dispositions nettes et précises de cette loi qui est une véritable *loi de garantie*, toute équivoque disparaît.

« La proposition de loi soumise à votre appréciation, » disait le rapport de la huitième commission lu à la » séance du 8 janvier 1892, tend à deux fins bien dis- » tinctes :

» 1° Edicter une disposition législative toute nouvelle, » et tendant à indemniser le propriétaire lésé des dom- » mages que peuvent occasionner à sa propriété les opé- » rations nécessaires à l'étude des projets de travaux » publics ;

« 2° Compléter les prescriptions de la législation actuelle » relative aux occupations temporaires et aux extrac- » tions de matériaux, en matière de travaux publics, et » cela de façon à sauvegarder pour l'avenir dans la » mesure du juste et du possible, le principe de l'inviola- » bilité du droit de propriété. »

3 — Une des plus grandes causes de difficultés, c'était l'étude sur le terrain, des projets.

On comprend qu'avant d'exécuter et même de dresser le devis définitif des grands travaux, une étude de la nature, de la configuration, de la composition des terrains à traverser, est indispensable. Il faut donc que les agents techniques qui en sont chargés, et leurs aides, puissent pénétrer dans les propriétés closes ou non, faire procéder à des sondages et à l'abattage des arbres qui gênent le tracé.

4 — Malheureusement ces opérations n'étantsoumises, jusqu'à ce jour, à aucune formalité des abus déplorables se produisaient et cette violation de la propriété privée, quoique faite dans un but d'intérêt général était souvent insupportable.

« Pour peu que ces travaux préparatoires — constatait
» le rapport de la huitième commission d'initiative par-
» lementaire — soient confiés à des agents de l'admi-
» nistration ou à des entrepreneurs peu soucieux de
» ménager les justes susceptibilités du propriétaire sur
» le fond duquel ils procèdent, l'on est exposé à se trouver
» alors en présence de faits regrettables et constituant,
» au premier chef, une violation vexatoire et très dom-
» mageable du droit de propriété. »

5 — L'article 1er de la loi du 29 décembre 1892 a eu
pour but de mettre fin à cet arbitraire en traçant des
règles claires et obligatoires pour tous, en précisant pour
quels travaux, après quelles formalités, sur quels fonds et
à quelles conditions il y a lieu d'autoriser l'entrée des
agents chargés de se rendre compte de l'état des terrains
et des difficultés qu'ils peuvent présenter.

« Nous avons pensé — disait à ce sujet M. Morel,
» rapporteur de la loi à la séance de la Chambre du
» 10 juin 1892 — qu'il était bon d'exiger certaines for-
» malités avant de permettre aux agents de l'adminis-
» tration de pénétrer dans les propriétés privées *pour*
» *prévenir* toutes vexations et permettre l'évaluation des
» dommages qui pourraient être causés. »

6 — Désormais, l'administration, Etat, département,
commune,

Leurs ayants droit, concessionnaires, entrepreneurs,

Leurs agents, employés ou préposés,
peuvent tous pénétrer dans les propriétés privées pour y
exécuter toutes les opérations nécessaires pour étudier les
projets de travaux publics.

7 — Cette faculté existe pour tous les travaux publics
sans exception.

8 — Il faut entendre par travaux publics suivant
notre définition : « *tous ceux exécutés dans l'intérêt public*
» *et payés avec les fonds publics.* »

Peu importe qu'il s'agisse de travaux civils ou militaires

exécutés par l'Etat, génie civil, génie militaire, artillerie, génie maritime, ministère des beaux-arts, ou les départements, ou les communes, ou les concessionnaires de chemins de fer, de canaux, ou les syndicats, etc.

Il n'y a aucune distinction à établir entre eux, du moment où ils remplissent la seule condition requise par la loi, celle d'être des travaux publics.

9 — Le § 1er de l'article 1er de la loi du 29 décembre 1892, est donc applicable à tous les travaux publics quels qu'ils soient, travaux de fortification, casernes, ports de mer, canaux, chemins de fer, voies de communication, construction de collèges, d'écoles, etc.

10 — Mais le droit qu'il confère ne peut être exercé qu'en vertu d'un arrêté préfectoral « indiquant les com-» munes sur le territoire desquels les études doivent » être faites. »

11 — Le préfet du département où sont faites les études a seul qualité pour prendre cet arrêté. Il peut déléguer ses pouvoirs à cet effet, au secrétaire général de la préfecture. (Arrêt du Conseil d'Etat du 1er mai 1885, *Plard*).

12 — L'arrêté indique la nature des études à faire, les noms des communes à explorer et les travaux en projet.

Il contient la désignation des agents autorisés à pénétrer sur les terrains.

Enfin, il mentionne le délai dans lequel il devra être notifié aux propriétaires, la défense d'abattre les arbres avant un accord ou une constatation contradictoire, les formes du règlement des dommages.

En voici un modèle :

RÉPUBLIQUE FRANÇAISE

« Nous, Préfet du département de . . . .
» Vu la loi du 29 décembre 1892;

» Considérant qu'il y a lieu pour l'Administration
» de. . . . . . . de faire des études préliminaires sur
» les terrains situés sur les communes de. . . . . . .
» en vue de la préparation d'un projet tendant à la cons-
» truction de. . . . .

ARRÊTONS :

» ART. 1ᵉʳ. — Les agents de l'Administration de
» . . . . .et. . . . . . .(*concessionnaires ou*
» *entrepreneurs s'il y a lieu*) sont autorisés à pénétrer
» sur les terrains compris sur le territoire des communes
» de. . . . . .en vue de faire les études
» nécessaires au projet de travaux de construction
» de. . . . .

» ART. 2. — Le présent arrêté sera affiché au moins
» dix jours d'avance à la mairie de chaque commune sur
» le territoire desquelles seront opérées les études.
» Il devra être représenté à toute réquisition.

» ART. 3. — Le présent arrêté devra être notifié aux
» propriétaires ou à leurs représentants au moins cinq
» jours avant l'introduction des agents lorsqu'il s'agira
» de propriétés closes, autres que les maisons d'habi-
» tation.

» A défaut de gardien connu demeurant dans la com-
» mune, le délai de cinq jours commencera à courir à
» partir de la notification au propriétaire, faite en la
» mairie ; ce délai expiré, l'introduction dans ces propriétés
» pourra avoir lieu avec l'assistance du juge de paix.

» ART. 4. — Il ne pourra être abattu d'arbres fruitiers,
» d'ornement ou de haute-futaie avant qu'un accord
» amiable ne soit établi sur leur valeur, ou qu'à défaut
» de cet accord, il ait été procédé à une constatation con-
» tradictoire, dans les formes prescrites par l'article 7 de
» la loi du 29 décembre 1892, destinée à fournir les élé-
» ments nécessaires pour l'évaluation des dommages.

» ART. 5. — Les dommages causés par les études

» autorisées seront réglés entre les propriétaires et
» l'Administration dans les formes indiquées par la loi du
» 22 juillet 1889 par le Conseil de préfecture.

» ART. 6. — Ampliation du présent arrêté sera adressée
» au chef de service. . . . . et aux maires
» des communes de. . . . .
» Fait à . . . . .le. . . . .

Le Préfet,

13 — L'arrêté doit être exécuté dans les six mois.

Le propriétaire a toujours le droit de l'attaquer, comme tous les arrêtés autorisant l'occupation et l'extraction de matériaux, devant le conseil de préfecture, seul compétent.

Nous renvoyons à notre précédent ouvrage pour les règles à suivre en pareil cas. (*)

14 — Le conseil de préfecture ne peut autoriser les opérations: ce droit appartient exclusivement au préfet.

15 — Même en l'absence d'un arrêté, le propriétaire d'un terrain est toujours libre de donner les autorisations suffisantes.

16 — Mais à défaut d'arrêté ou d'autorisation, le fait de pénétrer sur un fonds d'un particulier constitue une violation de propriété, justiciable des tribunaux correctionnels et peut toujours donner lieu à une demande en réparation civile, entraînant la compétence des tribunaux ordinaires.

17 — L'arrêté du préfet autorisant les études, doit être affiché à la mairie des communes à explorer, *au moins dix jours avant* les opérations.

Ce n'est qu'après cet affichage et passé ce délai que les études peuvent commencer.

18 — L'arrêté doit être présenté à toute réquisition par les agents autorisés à pénétrer sur les propriétés.

(*) *Des Extractions de matériaux et des occupations temporaires*, publie en 1892, par "L'Outillage de l'Entreprise et de l'Industrie" A. Popineau & Cie, 1 bis, rue Cadet, à Paris.

19 — Il est facile de comprendre le but de cette mesure.

La servitude imposée aux particuliers, est déjà assez gênante pour qu'elle ne soit pas aggravée sans utilité.

En exigeant la présentation de l'arrêté d'autorisation, la loi a voulu que les seules personnes autorisées, et non d'autres, pussent parcourir les terrains à étudier; elle a en même temps donné aux propriétaires un moyen facile de contrôler la qualité et les droits des visiteurs.

20 — Toutes les formalités qui précèdent sont prescrites à peine d'irrégularité. Il en résulte que si elles n'étaient pas remplies, les propriétaires pourraient s'opposer à l'entrée des agents sur leurs terrains ou les actionner.

21 — Le § 3 de l'article 1ᵉʳ interdit formellement toute introduction à l'intérieur des habitations.

Le respect du domicile doit être, en effet, absolu et il eut été intolérable d'admettre l'intrusion d'étrangers dans l'intimité de la vie de famille.

Dans la pratique, du reste, et pour les cas rares où cette entrée serait indispensable, assurément une entente sera facile; mais il était bon que la loi posa en principe, que le propriétaire seul peut la tolérer ou l'accorder, et que l'administration n'a pas le droit de l'exiger.

22 — Dans les autres propriétés closes dispensées, d'après la législation antérieure et l'article 2 de la nouvelle loi, de la servitude légale d'occupation temporaire et d'extraction de matériaux, les études peuvent aussi avoir lieu; mais elles ne doivent commencer que *cinq jours après* la notification de l'arrêté du préfet qui les autorise, au propriétaire, ou s'il est absent, au gardien de la propriété.

23 — Il peut se faire qu'il n'y ait pas de gardien, qu'il ne soit pas connu ou qu'il n'habite pas la commune; dans tous ces cas, l'arrêté doit être notifié au propriétaire à la mairie et le délai de cinq jours ne court que de la date de cette notification.

24 — La différence entre les formalités à remplir pour les propriétés non closes et pour celles qui sont closes, s'explique par leur nature même; la clôture indiquant de la part du propriétaire une intention nette de mettre son fonds à l'abri des entreprises du public.

Aussi, pour les premières, un simple affichage de l'arrêté qui autorise les études suffit-il; tandis que pour les propriétés closes, il faut une notification spéciale et particulière au *propriétaire ou à son représentant,* car il est clair que le mot *gardien* employé par la loi n'a pas d'autre signification et s'applique aussi bien au gérant, fermier, colon, qu'au gardien, surveillant ou domestique habitant ou gardant la propriété.

25 — Si, après la notification faite à la mairie, personne ne se présente pour le propriétaire, les agents peuvent pénétrer sur les fonds clos, avec l'assistance du juge de paix, qui leur en donne l'accès et dresse un procès-verbal constatant les circonstances dans lesquelles a eu lieu l'entrée.

26 — S'il y a lieu d'abattre des arbres fruitiers, d'ornement ou de haute futaie pour rendre possibles les études, il faut *qu'avant* l'abattage, leur valeur et les constatations nécessaires à l'évaluation des dommages aient été fixées soit d'accord, soit contradictoirement.

27 — Lorsque les constations ont lieu d'accord, aucune règle de forme n'est imposée. Il suffit que l'accord soit constaté *par écrit* pour pouvoir être représenté en cas de contestations et porte les signatures des propriétaires et de l'administration ou de leurs représentants.

28 — Lorsque l'accord ne peut se faire, il faut procéder comme l'indiquent les articles 5 et 7 de la présente loi.

Le propriétaire est avisé par lettre, du jour et de l'heure de la visite des lieux; il se présente ou se fait représenter. S'il ne le fait pas, le maire lui désigne d'office un représentant et celui-ci dresse un procès-verbal avec l'agent de l'administration.

Si les deux représentants ne peuvent s'entendre, la contestation est portée devant le Conseil de préfecture.

Les opérations ne peuvent commencer *qu'après* que le procès-verbal a été dressé par les deux experts ou que la décision du Conseil a été rendue.

29 — A la fin des études, les dommages causés à la propriété par les opérations, sont réglés entre le propriétaire et l'administration à l'amiable, ou par décision des tribunaux administratifs.

30 — Dans le premier cas, l'accord est constaté par un acte sous seing-privé régulier, c'est-à-dire fait double sur timbre, ou par un acte notarié.

31 — Dans le second cas, c'est-à-dire si les parties ne peuvent s'entendre, le différend est porté devant le Conseil de préfecture par voie de requête et réglé après expertise, conformément aux dispositions de la loi du 22 juillet 1889 sur la procédure à suivre devant les Conseils de préfecture.

ARTICLE 2

« *Aucune occupation temporaire de terrain ne pourra* » *être autorisée à l'intérieur des propriétés attenant aux* » *habitations et closes par des murs ou des clôtures équi-* » *valentes, suivant les usages du pays.* »

32 — L'article 1er visant l'étude du projet, l'article 2 concerne l'exécution. Pour le dépôt de son matériel et de ses matériaux, l'organisation des chantiers, l'administration a besoin d'emplacements voisins des travaux. De là, les occupations temporaires des propriétés privées.

33 — Mais dès la naissance, pour ainsi dire, légale de la servitude d'occupation temporaire et d'extraction de matériaux, les propriétés closes ou tenant aux habitations en ont été dispensées exceptionnellement.

L'article 1er de l'arrêt du Conseil du 7 septembre 1755 déclare que les matériaux ne peuvent être puisés dans les lieux qui seront fermés de murs ou autres clôtures équivalentes, celui du 20 mars 1780 explique qu'on ne doit entendre par là que les cours, jardins, vergers et autres possessions de ce genre, et enfin d'après la loi des 28 septembre-16 octobre 1780 : « l'héritage sera réputé » clos lorsqu'il sera entouré d'un mur de quatre pieds de » hauteur avec barrière ou porte, ou lorsqu'il sera exac- » tement fermé de palissades ou de treillages, ou d'une » haie sèche faite avec des pieux ou cordelée avec des » branches ou de toute autre manière de faire des haies » en usage dans la localité, ou enfin d'un fossé de quatre » pieds au moins à l'ouverture et de deux pieds de » profondeur. »

34 — Conformément à ce principe, le Conseil d'Etat a décidé :

Que l'exemption ne s'applique qu'aux cours, jardins et vergers entourés de mur, et aux autres terrains clos, *attenant à l'habitation*. (Arrêts des 13 août 1861, *Martell ;* — 26 décembre 1862, *Brulé-Grocezelle*).

35 — La question de savoir ce qu'il faut entendre par clôture équivalente aux murs suivant les usages du pays, est des plus délicates. C'est surtout une appréciation *de fait.*

36 — Les règles à appliquer nous paraissent devoir être les suivantes :

On doit considérer comme clôture tous les obstacles qui suppriment l'accès du fonds et *en empêchent l'entrée.*

Dans le cas contraire, c'est-à-dire si le fond est ouvert, ou insuffisamment clôturé, la servitude d'occupation peut être exercée.

37 — C'est ainsi que le Conseil d'Etat a décidé qu'on doit considérer comme clôture :

Une haie qui dans sa solution est prolongée par des piquets et des broussailles sèches (5 juin 1846, *Provençal) ;*

Une rivière servant à réunir un ensemble de clôtures artificielles (7 mars 1861, *Thiac) ;*

Un chemin de fer complétant deux clôtures (8 août 1872, *dame Veuve Ledoux*) même quand la propriété est grevée d'une servitude de contre-halage (6 août 1875, *Busquet de Caumont*);

Des haies avec fossés et des douves formant clôture (4 mai 1877, *Dozeville*);

Des palissades ou treillages en bois ou fil de fer formant enceinte continue (18 novembre 1881, *Veuve Bonvalet*).

38 — On doit au contraire refuser le caractère de clôture à :

Une clôture insuffisante (4 juin 1823, *Peillon*);

Un simple fossé avec haie vive plantée sur le rejet de terre (1er juillet 1840, *de Champagné*);

Un talus déprimé sur quelques points où il peut être facilement franchi par les hommes et les animaux (28 février 1851, *Pouplier*);

Des fossés non entretenus remplis d'herbes et de terres (6 janvier 1853, *Zemaire*);

Une clôture ouverte sur une propriété voisine (12 juillet 1864, *Poullain*);

Une haie ayant des solutions de continuosité (21 mai 1867, *Watel*);

Un canal ne formant pas ensemble avec des clôtures artificielles (31 décembre 1869, *de Janzé*);

Une clôture interrompue par une route nationale (6 février 1885, *Bonnaud frères*).

39 — La clôture établie postérieurement à l'arrêté du préfet désignant le terrain à occuper, affranchit ce terrain (5 novembre 1828, *Pasquier*).

Mais ce n'est que du jour où la clôture est faite, que le fonds est exempté (18 mars 1869, *Delom*).

40 — Tous les terrains autres que ceux en nature de *cours, jardins, vergers* ou *autres possessions de ce genre,* sont soumis légalement à la servitude, qu'ils soient clos ou non.

Cela résulte des termes de l'arrêt du Conseil du 20 mars 1780 déclarant : que la prohibition de l'arrêt du

7 septembre 1755 de prendre les matériaux dans les lieux fermés de murs ou autres clôtures équivalentes « ne doit » s'entendre que des cours et jardins, vergers et autres » possessions de ce genre et qu'elle ne peut s'étendre aux » terres labourables, herbages, prés, bois, vignes et » autres terres de la même nature, *quoique closes*. »

41 — En conséquence, dès le 22 mars 1851, le Conseil d'Etat décidait dans un arrêt Blanchet, que l'exemption ne devait pas être accordée à un clos de vigne fermé de murs, mais séparé de l'habitation du propriétaire par un chemin vicinal.

42 — Il en est par suite, de même des bois des particuliers qui peuvent être fouillés comme les terrains ordinaires (30 juillet 1863, *Mauté*).

43 — Des règles spéciales sont établies dans les articles 145 du Code forestier et les articles 170 et suivants de l'ordonnance du 1er août 1827 pour les bois soumis au régime forestier.

44 — L'article 2 de la nouvelle loi maintient donc le principe posé dans l'arrêt du Conseil du 7 septembre 1755 et aujourd'hui comme précédemment :

Aucune occupation temporaire de terrain ne peut être autorisée à l'intérieur des propriétés remplissant la double condition,

1° D'être attenantes aux habitations, et par habitation il faut entendre non pas *la maison* qui peut être habitée, mais *celle qu'on habite* habituellement, sinon constamment.

— Un bâtiment d'exploitation ne peut être considéré comme maison d'habitation, par suite les terrains attenant à ce bâtiment ne sont pas exemptés de la servitude (28 novembre 1873, *d'Ortoli*).

2° D'être closes dans le sens de la loi, la clôture devant être continue et renfermer la maison d'habitation.

ARTICLE 3

« *Lorsqu'il y a lieu d'occuper temporairement un terrain,*
» *soit pour en extraire ou ramasser des matériaux, soit*
» *pour y fouiller ou y faire des dépôts de terre, soit pour*
» *tout autre objet relatif à l'exécution des projets de tra-*
» *vaux publics, civils ou militaires, cette occupation est*
» *autorisée par un arrêté du préfet indiquant le nom de*
» *la commune où le territoire est situé, les numéros que*
» *les parcelles dont il se compose portent sur le plan*
» *cadastral et le nom du propriétaire tel qu'il est inscrit*
» *sur la matrice des rôles.*

» *Cet arrêté indique, d'une façon précise, les travaux*
» *à raison desquels l'occupation est ordonnée, les surfaces*
» *sur lesquelles elle doit porter, la nature et la durée de*
» *l'occupation et la voie d'accès.*

» *Un plan parcellaire désignant par une teinte les*
» *terrains à occuper est annexé à l'arrêté, à moins que*
» *l'occupation n'ait pour but exclusif le ramassage des*
» *matériaux.* »

45 — L'article 3 règle la procédure préliminaire de
l'occupation. Il reproduit les dispositions de l'article 1er du
décret du 8 février 1868 *portant règlement pour les occupa-*
tions temporaires de terrains nécessaires à l'exécution des
travaux publics, à peu de chose près ; mais plus complet,
il emprunte à la loi du 3 mai 1841 la disposition en vertu
de laquelle l'arrêté n'a à tenir compte que du nom du
propriétaire, tel qu'il est inscrit sur la matrice des rôles,
sans s'occuper des mutations qui peuvent s'être produites
et dont mention n'est pas faite et il enjoint de préciser les
surfaces à occuper, la nature et la durée de l'occupation
et les voies d'accès.

46 — Ainsi, l'arrêté préfectoral qui d'après le décret
de 1868 contenait seulement, le nom de la commune où
le terrain est situé, les numéros des parcelles sur le plan

cadastral et le nom du propriétaire, *doit dorénavant indiquer avec précision :*

> les travaux à raison desquels l'occupation est ordonnée,
> les surfaces sur lesquelles elle doit porter,
> la nature de l'occupation,
> la durée qu'elle doit avoir,
> les voies d'accès à suivre pour y pénétrer et en sortir.

Il doit, de plus, être accompagné d'un plan parcellaire désignant *par une teinte* les terrains à occuper.

47 — Ces innovations sont heureuses et pratiques.

Souvent, en effet, la parcelle désignée sur le plan cadastral présentait une contenance importante qui, par l'arrêté du préfet se trouvait assujettie dans son entier à la servitude d'instruction. Par suite, l'entrepreneur pouvait, abusant de son droit, fouiller et occuper tous les points de la parcelle, en occasionnant de très grands dommages au propriétaire.

En outre, très souvent l'ayant droit de l'administration, au lieu de suivre pour le transport de ses matériaux le chemin le plus court et le moins dommageable, faisait passer partout ses lourdes charrettes, détérioriait les avenues réservées aux voitures légères et causait de tels préjudices qu'il s'en suivait de nombreux procès.

Les formalités prescrites par l'article 3 sont destinées à prévenir tous ces abus.

48 — Antérieurement à la nouvelle loi, les formalités relatives aux extractions variaient suivant qu'elles se rapportaient aux travaux des chemins vicinaux et ruraux ou concernaient la grande voirie et les grands travaux publics.

49 — Aujourd'hui il n'y a plus de distinction à faire et les règles fixées par la loi de 1892 doivent être appliquées à tous les travaux publics sans exception; toutes les classifications de la loi du 21 mai 1836 et du décret de 1868 étant supprimées par le nouvel article 20.

50 — En conséquence, les principes suivants sont aussi généraux que possible.

L'arrêté d'occupation doit être pris par le préfet du département *où sont situés les terrains à explorer.* (31 mai 1866, *Terres*; 12 novembre 1875, *Guigné*).

51 — Mais le préfet a le droit de désigner le terrain *de son département* où doivent être pris des matériaux destinés à des travaux publics faits dans un autre. (12 novembre 1875, *Guigné*).

Dans ce cas, il est inutile que le préfet du département où s'exécutent les ouvrages ait pris antérieurement un arrêté conforme. (16 août 1843, *Lemoyne*).

52 — Le préfet peut incontestablement désigner dans un arrêté un lieu d'extraction situé en dehors de son département, mais cet arrêté n'est obligatoire que pour l'entrepreneur; pour qu'il puisse être imposé au propriétaire, il faut que le préfet *du lieu d'extraction* prenne un autre arrêté accordant l'autorisation d'extraire.

53 — Par suite, lorsque les terrains contenant les matériaux à prendre sont situés dans deux ou plusieurs départements, il faut que chaque préfet de ces départements prenne un arrêté spécial pour la parcelle comprise dans le ressort de son administration.

54 — L'arrêté du préfet étant la base de toute la procédure d'occupation temporaire ou d'extraction de matériaux, s'il n'existe pas d'arrêté ou si l'arrêté est nul, l'occupation est irrégulière et peut constituer une *violation de propriété*, acte justiciable des tribunaux de droit commun.

55 — Et l'arrêté est nul s'il n'est pas pris conformément aux dispositions de l'article 3 ou ne renferme pas les énonciations essentielles qu'il prescrit.

56 — Par exception, lorsque l'occupation n'a pour but

exclusif que le ramassage de matériaux, l'annexe du plan parcellaire désignant par une teinte les terrains à occuper, n'est pas nécessaire. Cela s'explique par le peu de dommage que peut causer cette opération, consistant à enlever *de la surface les matières apparentes* destinées à être utilisées.

57 — Dans tous les autres cas, le plan teinté est obligatoire et constitue un élément *essentiel* de l'arrêté préfectoral; si bien que son absence l'entacherait de nullité.

ARTICLE 4

    « *Le préfet envoie ampliation de son arrêté et du plan*
» *annexé au chef de service public compétent et au maire*
» *de la commune.*
  » *Si l'administration ne doit pas occuper elle-même*
» *le terrain, le chef de service compétent remet une copie*
» *certifiée de l'arrêté à la personne à laquelle elle a délé-*
» *gué ses droits.*
  » *Le maire notifie l'arrêté au propriétaire du terrain*
» *ou, si celui-ci n'est pas domicilié dans la commune, au*
» *fermier, locataire, gardien ou régisseur de la propriété;*
» *il y joint une copie du plan parcellaire et garde l'original*
» *de cette notification.*
  » *S'il n'y a dans la commune personne ayant qualité*
» *pour recevoir la notification, celle-ci est valablement*
» *faite par lettre chargée adressée au dernier domicile*
» *connu du propriétaire. L'arrêté et le plan parcellaire*
» *restent déposés à la mairie pour être communiqués sans*
» *déplacement aux intéressés sur leur demande.* »

58 — L'article 4 est la reproduction complète des dispositions de l'article 2 du décret du 8 juin 1868, rendu sur la proposition du ministre des travaux publics, mais applicable seulement, en droit strict, aux travaux dépendant de ce ministère.

Reproduisant le texte de la loi adopté par le Conseil

d'Etat en 1884, il indique les conditions dans lesquelles doit avoir lieu la signification de l'arrêté d'occupation aux parties intéressées.

59 — La seule modification au projet de 1884 introduite dans le texte du nouvel article 4 est relative au plan annexé et consiste dans ces mots « *il y joint une copie du plan parcellaire* »; mais cet ajouté a, comme nous l'avons vu, une importance pratique considérable.

60 — Les formalités à remplir sont bien comprises et utiles. Comme par le passé, le préfet, après avoir pris un arrêté, envoie ampliation, c'est-à-dire un double ou copie de cet arrêté *et du plan annexé,* au chef de service compétent et au maire de la commune où sont les fonds à occuper.

61 — Lorsque ce n'est pas l'administration qui, par ses agents, doit elle-même occuper le terrain, le chef de service remet une copie certifiée de l'arrêté au concessionnaire, entrepreneur ou ayant droit, devant faire l'occupation.

62 — Le maire, à son tour, notifie l'arrêté au propriétaire du terrain, s'il a son domicile dans la commune; sinon au fermier, locataire, gardien ou régisseur de la propriété y résidant ou habitant la commune, avec une copie du plan parcellaire, en ayant le soin de garder l'original de cette notification, afin de pouvoir, en cas de contestation, justifier qu'elle a été régulièrement faite.

63 — Il résulte de la discussion qui s'est élevée à la Chambre sur ce point entre le rapporteur de la loi et MM. Merlet et Lacombe, que la plupart des mairies n'ayant pas de géomètre et ne pouvant faire dresser aux frais de la commune la levée des plans, c'est l'administration préfectorale qui doit faire faire et envoyer au maire *autant de plans parcellaires qu'il y a de propriétaires intéressés,* afin que la notification à leur adresser soit complète.

Le préfet communique également le plan parcellaire à l'entrepreneur chargé des travaux.

64 — Il en résulte pour tous les intérêts en jeu la connaissance complète des obligations et des droits réciproques.

65 — Il peut arriver que le propriétaire n'habite pas la commune et n'y soit représenté par personne. Dans ce cas, la notification doit être faite par lettre chargée adressée au dernier domicile connu du propriétaire, et l'arrêté avec le plan annexé restent déposés à la mairie, pour y être consultés par les intéressés lorsqu'ils le désirent et le demandent; ainsi se trouvent évitées toutes surprises.

ARTICLE 5

« *Après l'accomplissement des formalités qui précèdent*
» *et à défaut de convention amiable, le chef de service ou*
» *la personne à laquelle l'administration a délégué ses*
» *droits, fait au propriétaire du terrain, préalablement à*
» *toute occupation du terrain désigné, une notification par*
» *lettre recommandée indiquant le jour et l'heure où il*
» *compte se rendre sur les lieux ou s'y faire représenter.*
» *Il l'invite à s'y trouver ou à s'y faire représenter*
» *lui-même pour procéder contradictoirement à la consta-*
» *tation de l'état des lieux.*
» *En même temps, il informe par écrit le maire de la*
» *commune, de la notification par lui faite au propriétaire.*
» *Si le propriétaire n'est pas domicilié dans la com-*
» *mune, la notification est faite conformément aux stipu-*
» *lations de l'article 4.*
» *Entre cette notification et la visite des lieux, il doit y*
» *avoir un intervalle de dix jours au moins.* »

66 — L'article 5, en empruntant ses dispositions à l'article 4 du décret de 1868, a littéralement reproduit la rédaction du projet de 1884 adopté par le Conseil d'Etat.

67 — Lorsque les formalités prescrites par les articles 3 et 4 ont été remplies, de deux choses l'une : ou il intervient une convention amiable avec le propriétaire, ou bien l'administration, ou son concessionnaire, ne peut s'entendre avec lui.

68 — Dans le premier cas, aux termes de l'article 3 du décret de 1868 dont le texte n'a pas été reproduit bien à tort, l'entrepreneur était tenu de présenter aux ingénieurs toutes les fois qu'il en était requis, le consentement du propriétaire ou le traité fait avec lui.

On évitait ainsi les lenteurs des formalités à remplir et des difficultés ultérieures souvent compliquées; l'accord entre le propriétaire et l'entrepreneur dispensant des autres formalités.

69 — Cette obligation de l'entrepreneur de représenter la convention à toute demande des ingénieurs n'existe plus, la loi de 1892 ne l'imposant pas.

70 — Mais la nécessité d'un accord écrit et régulier, soumis aux dispositions légales qui régissent les conventions privées subsiste d'autant mieux, que s'il donne lieu à des difficultés, c'est aux tribunaux civils qu'il appartient d'en connaître.

71 — Il ne suffit pas que la convention soit affirmée, elle doit être prouvée par écrit. (Arrêts des 2 juin 1876, *Abougit* — 10 février 1877, *Faidides*).

72 — Lorsque, au contraire, le propriétaire du terrain n'a pu faire de convention amiable avec le représentant de l'administration, la constatation des lieux à occuper devient nécessaire. C'est le chef du service, ou le cessionnaire, qui remplit les conditions indiquées pour que le propriétaire soit prévenu.

Il fait en conséquence et préalablement à toute occupation, par lettre recommandée, notification à ce dernier, du jour de sa visite sur les lieux, en l'invitant à y venir lui-même ou à se faire représenter, afin de procéder contradictoirement à toutes les constatations utiles de l'état des lieux désignés.

Il informe en même temps, *par écrit,* de cette notification, le maire de la commune.

73 — Si le propriétaire n'a pas son domicile dans la commune, la notification est faite au fermier, locataire, gardien ou régisseur y résidant; enfin, s'il n'y a aucun représentant, elle est adressée par lettre chargée à son dernier domicile connu.

74 — La visite des lieux ne peut avoir lieu qu'après un délai minimum de dix jours, à partir de la notification faite au propriétaire.

75 — Au moment de l'examen de cet article, un membre de la commission fit observer qu'en cas d'urgence, le délai de dix jours serait trop long; mais on lui fit remarquer, avec juste raison, que la loi du 30 mars 1831 sur l'expropriation et l'occupation temporaire en cas d'urgence, des propriétés privées nécessaires aux travaux de fortifications continuant à être en vigueur (article 20) donnait toute satisfaction à ses préoccupations et qu'il n'y avait pas à prévoir d'autres cas suffisamment urgents « pour enlever à la propriété ses garanties d'inviolabilité. »

Le délai fixé fut en conséquence maintenu.

76 — Il doit être de dix jours francs. De telle sorte que la notification étant reçue le 10 par le propriétaire, la visite des lieux ne doit être faite que le 21.

ARTICLE 6

« Lorsque l'occupation temporaire a pour objet exclusif
» le ramassage des matériaux à la surface du sol, les
» notifications individuelles prescrites par les articles
» 4 et 5 de la présente loi, sont remplacés par des notifi-
» cations collectives par voie d'affichage et de publication
» à son de caisse ou de trompe dans la commune. En ce

» *cas, le délai de dix jours prescrit à l'article précédent*
» *court du jour de l'affichage.* »

77 — En considération du peu d'importance des dommages causés par le ramassage des matériaux, c'est-à-dire l'enlèvement des matières utilisables répandues à la surface du sol, le législateur a, avec raison, voulu établir une distinction entre cette opération très simple et l'extraction de matériaux.

Il lui a paru naturel de simplifier les formalités relatives aux notifications, pour ce cas tout spécial.

De là, la rédaction de l'article 6 introduite par le Conseil d'Etat sur la demande du Ministre de l'Intérieur dans le projet de 1884.

78 — Lors, donc qu'il s'agit d'un simple ramassage de matériaux à la surface du sol, les notifications qui doivent être individuelles, c'est-à-dire adressées à chaque propriétaire personnellement pour les extractions, sont remplacées par des notifications collectives qui ne sont faites à aucun des propriétaires, mais simplement affichées et publiées au son du tambour ou de la trompe, suivant les usages du pays.

79 — Le délai de dix jours pour la visite des lieux court du jour de l'affichage, mais doit également être de *dix jours francs* à compter de la publication.

ARTICLE 7

« *A défaut par le propriétaire de se faire représenter*
» *sur les lieux, le maire lui désigne d'office un représen-*
» *tant pour opérer, contradictoirement avec celui de l'ad-*
» *ministration ou de la personne au profit de laquelle*
» *l'occupation a été autorisée.*
» *Le procès-verbal de l'opération qui doit fournir les*
» *éléments nécessaires pour évaluer le dommage, est dressé*
» *en trois expéditions destinées, l'une à être déposée à la*

» *mairie et les deux autres à être remises aux parties*
» *intéressées.*

» *Si les parties ou les représentants sont d'accord, les*
» *travaux autorisés par l'arrêté peuvent être commencés*
» *aussitôt.*

» *En cas de désaccord sur l'état des lieux, la partie*
» *la plus diligente saisit le Conseil de préfecture et les*
» *travaux pourront commencer aussitôt que le Conseil aura*
» *rendu sa décision.* »

80 — L'article 7 du décret de 1863 portait : « immé-
» diatement après les constatations, l'entrepreneur peut
» occuper le terrain et y commencer les travaux autorisés
» par l'arrêté. »

81 — La nouvelle loi n'a pas reproduit cette disposition à cause des graves inconvénients auxquels donnait
lieu l'impossibilité où se trouvait le Conseil de préfecture,
lorsqu'une difficulté se présentait, de déterminer l'état
des terrains avant l'occupation.

82 — Aussi le projet de loi de 1884, comme la loi du
29 décembre 1892, ont-ils ajourné l'occupation jusqu'après
la fixation définitive de l'état des lieux.

83 — Afin de donner à cette constatation un caractère
contradictoire dans les limites du possible, l'article 7
impose au maire, lorsque le propriétaire n'assiste pas à
la visite ou ne s'y fait pas représenter, la désignation
d'office d'un représentant pour opérer contradictoirement
avec celui de l'administration.

84 — Pour augmenter encore les garanties, le procès-
verbal de l'opération devant servir de base pour l'évaluation du préjudice causé, est dressé en trois expéditions :
L'une déposée à la mairie où tout intéressé peut en
prendre communication,
Les deux autres remises aux parties.

85 — Si — ce qui peut arriver fréquemment — les

parties ou leurs mandataires se mettent d'accord sur l'état des lieux, les travaux autorisés peuvent être commencés aussitôt.

86 — Le projet du Conseil d'Etat de 1884 exigeait, malgré l'accord des parties, le dépôt du rapport constatant l'état des lieux et disposait que les travaux pouvaient « être commencés immédiatement après ce rapport » rendant ainsi le rapport et le dépôt obligatoire dans tous les cas.

87 — La modification apportée par la nouvelle loi se justifie par ce fait, que l'accord des parties étant conclu, le rapport et le dépôt deviennent inutiles.

88 — Il n'en faudra pas moins, dans la pratique, que l'accord soit constaté *par écrit* en autant d'originaux que de parties, pour qu'en cas de contestations ultérieures, chacun des intéressés puisse représenter le sien. Seulement le rapport et le dépôt sont facultatifs et non plus imposés comme une formalité indispensable.

89 — Lorsqu'il est impossible aux parties de s'entendre sur les constatations ou les termes du rapport à déposer, la plus diligente saisit le Conseil de préfecture par une requête, et cette juridiction fait procéder à un état des lieux par un expert qu'elle nomme. Le rapport déposé, elle l'homologue par un arrêté qui fournit ainsi les éléments nécessaires pour l'évaluation du dommage.

90 — Ce n'est qu'après cette décision que l'occupation peut avoir lieu.

91 — Il est intéressant de faire remarquer que cette manière de procéder imposée par l'article 7, était consacrée par le Conseil d'Etat, bien longtemps avant la loi de 1892.

ARTICLE 8

« *Tout arrêté qui autorise des études ou une occupation*
» *temporaire, est périmé de plein droit s'il n'est suivi*
» *d'exécution dans les six mois de sa date.* »

92 — Lorsque l'arrêté préfectoral est pris, la propriété désignée se trouve par là même, soumise à la servitude. Mais il faut que cette charge, déjà si lourde, ne reste pas suspendue indéfiniment sur le fonds frappé.

93 — La jurisprudence constante du Conseil d'Etat, antérieure à la loi actuelle, reconnaissait que l'arrêté qui autorise l'occupation temporaire, doit en même temps lui assigner *une durée*.

94 — Cela résulte de la logique des mots: une *occupation temporaire* ne pouvant être *indéfinie*.

95 — Mais quelle doit être cette durée ?

96 — La loi ne le disait pas.
Il arrivait alors ce résultat bizarre, que le terrain désigné pour l'exercice de la servitude pour cause d'utilité publique *présente* n'était pas occupé après l'arrêté, — l'entrepreneur ne jugeant pas à propos d'user du droit qui lui était accordé, parce que le projet était modifié ou qu'il avait trouvé ailleurs des carrières ou des dépôts plus avantageux — et *restait toujours frappé*, même après la cessation de l'utilité.
Rien n'empêchait, en effet, de faire revivre l'arrêté que la loi ne déclarait pas caduc.

97 — Dès 1884, cet état de chose fâcheux avait attiré l'attention du ministre qui, dans l'article 8 de son projet adopté par le Conseil d'Etat, introduisit la déchéance reproduite par la loi de 1892.
« L'article 8 — disait le rapport de la Commission du
» Sénat — conforme au projet ministériel de 1884, décide

» que tout arrêté qui autorise une occupation temporaire,
» est périmé de plein droit, s'il n'est suivi d'exécution
» dans les six mois de sa date. »

98 — Donc, à l'avenir, la propriété désignée, au lieu de rester sous le coup de l'arrêté un temps indéterminé, sera libérée par la non exécution, *après six mois.*

99 — Cette disposition est aussi sage que protectrice, et on ne peut qu'y applaudir.

ARTICLE 9

« *L'occupation des terrains ou des carrières nécessaires*
» *à l'exécution des travaux publics ne peut être ordonnée*
» *pour un délai supérieur à cinq années.*
  » *Si l'occupation doit se prolonger au delà de ce délai,*
» *et à défaut d'accord amiable, l'administration devra*
» *procéder à l'expropriation qui pourra aussi être récla-*
» *mée par le propriétaire dans les termes prescrits par*
» *la loi du 3 mai 1841.* »

100 — Cette disposition entièrement nouvelle et qui n'existait dans aucuns des projets de loi antérieurs, est la suite naturelle, en même temps que le complément nécessaire et logique de l'article 8.

101 — Pas plus que le *droit* d'occupation, l'*exercice* de ce droit ne peut être indéfini ; autrement, il équivaudrait à la suppression de la propriété. Quoique la jurisprudence du Conseil d'Etat décidât que quand il y avait occupation *indéfinie*, le propriétaire pouvait exiger l'expropriation, de nombreux abus se produisaient.

102 — La question de savoir quand l'occupation est indéfinie était souvent délicate à résoudre ; en tous les cas les résultats d'un procès étaient douteux et le propriétaire subissait la loi du plus fort, tout en maugréant.

103 — C'est ainsi que le Conseil d'Etat a jugé que

si l'arrêté ne fixe pas la durée de l'occupation, il faut que le caractère temporaire résulte de la nature du travail qui y donne lieu.

En conséquence :

Le préfet ne peut autoriser l'ouverture d'un fossé destiné à permettre l'écoulement des eaux, *jusqu'à ce qu'il en soit autrement ordonné*. (5 septembre 1836, *Ledos*, 6 décembre 1844, *Gallas*).

Il ne peut décider l'occupation temporaire d'un terrain par une compagnie de chemins de fer *pour y établir des rails et y poser une voie*. (20 février 1868, *Chemin de fer de Saint-Ouen*),

Ni l'accorder pour y commencer les travaux d'exécution d'un tunnel. (6 février 1879, *Remize*).

104 — Mais on doit considérer comme simple occupation temporaire :

La prise de possession d'un terrain pour y établir un chemin de fer destiné à l'enlèvement des sables nécessaires aux travaux. (7 janvier 1864, *Guyot de Villeneuve*),

La construction d'un magasin de matériaux. (31 mai 1866, *Serre*).

105 — La solution, en pareils cas, dépendait d'une question de fait.

Ou les travaux faits sur le terrain occupé, avaient un caractère définitif,

Ou ils présentaient un caractère temporaire.

106 — Dans le premier cas, il y avait lieu à expropriation.

107 — Dans le second cas, l'occupation était bien temporaire.

Peu importait que la durée de l'exercice du droit fût fixée par un nombre d'années ou la durée du travail nettement définie.

« Considérant, dit un arrêt du 1er mai 1885, *Plard*, « qu'il résulte de l'instruction, que l'occupation du terrain

» appartenant au sieur Plard a été autorisée par arrêté
» du 11 septembre 1880, en vue de l'exécution *d'un mar-*
» *ché dont la durée expire le 1ᵉʳ juillet 1885,* qu'ainsi
» elle n'a pas le caractère d'une occupation indéfinie. »

108 — Grâce à l'article 9, toutes ces difficultés dis-
paraissent.

109 — L'arrêté doit fixer la durée de l'occupation,
conformément aux prescriptions de l'article 3, et elle ne
peut être ordonnée pour un délai supérieur à cinq années.

110 — Si elle se prolonge davantage, le propriétaire
pourra poursuivre l'expropriation.

111 — Un nouvel arrêté ne pourra pas être pris pour
les mêmes travaux.

112 — MM. de Ramel et Loison, — dans leur *Revue du
contentieux des travaux publics et du bâtiment,* numéro
de mars 1893 — estiment qu'une nouvelle occupation ne
peut être autorisée que pour l'exécution *d'un autre marché,*
mais que dans ce cas, l'autorisation est valable encore
pour cinq années.

113 — Cette solution, que les auteurs trouvent eux-
mêmes rigoureuse, nous paraît discutable.
Il serait, en effet, possible d'éterniser ainsi l'occupation
temporaire et à l'aide d'arrêts renouvelés tous les cinq ans
pour des travaux variés, d'évincer le propriétaire de son
fond en lui faisant subir une expropriation fractionnée.
Ce qu'a voulu le législateur — du moins tel est notre
avis, — c'est assigner à l'occupation temporaire une durée
limitée conforme à son caractère propre, et décharger les
fonds imposés, d'une servitude indéfinie; en un mot, sup-
primer l'abus préexistant qui laisse sous le coup de
l'arrêté pendant un temps indéfini, le terrain désigné.
La limite de cinq années n'a pas d'autre but.

114 — « Nous vous proposons — disait M. Morel,
» rapporteur de la loi à la séance du 10 juin 1892 de la

» Chambre des députés, — de fixer *une limite* à l'occupation
» temporaire et de déclarer que, lorsqu'elle aura duré
» 5 ans, le propriétaire pourra réclamer l'expropriation
» de son terrain.

   » *Il est certain que si l'occupation était illimitée, on*
» *arriverait à une expropriation déguisée.* »

115 — « L'article 9 — disait aussi le rapport de la
» commission du Sénat — fixe à cinq années *le délai*
» *maximum* que l'arrêté préfectoral pourra assigner à
» l'occupation temporaire ; *passé ce délai, le propriétaire*
» *a le droit de requérir l'expropriation.* »

116 — Ce qui démontre qu'on a voulu soumettre
le propriétaire à cinq années d'exercice de la servitude
et ce délai passé, si l'occupation est prolongée ou est
renouvelée pour les mêmes travaux ou pour d'autres, lui
donner le droit absolu de demander l'expropriation.

Si l'administration pouvait faire indirectement, en deux
temps, ce que précisément veut empêcher l'article 9, la
nouvelle disposition n'aurait de raison d'être et de sanction
que dans le cas — qui ne se présenterait jamais ou du moins
bien rarement — où, l'entrepreneur au mépris de l'arrêté,
continuerait après cinq ans, une occupation qui ne serait
plus qu'une usurpation. Le droit commun suffirait pour
l'empêcher.

La loi a mieux fait : elle a déclaré exonérer le fonds
ayant subi le maximum de durée fixé par elle pour la
servitude, en permettant au propriétaire de recourir à
l'expropriation.

L'article 9 n'a pas d'autre sens ni d'autre but.

117 — Quoiqu'il en soit, lorsque le propriétaire n'a
consenti à aucun accord amiable pour la prolongation du
délai, ce qu'il a toujours le droit de faire dans les termes
de l'article 1134 du Code civil, l'administration doit procéder à l'expropriation.

118 — Si elle ne le fait pas, le propriétaire, aux termes de l'article 41 de la loi du 3 mai 1841, présente

requête au tribunal. « Cette requête sera communiquée
« par le procureur du Roi au préfet qui devra, dans le
» plus bref délai, envoyer les pièces et *le tribunal statuera*
» *dans les trois jours.* »

La procédure à suivre, on le voit, est très simple,
rapide et toute tracée.

119 — Si, au contraire, une convention amiable intervient, elle produit ses effets, conformément au droit
commun.

ARTICLE 10

« *Immédiatement après la fin de l'occupation tempo-*
» *raire des terrains et à la fin de chaque campagne, si*
» *les travaux doivent durer plusieurs années, la partie*
» *la plus diligente, à défaut d'accord amiable sur l'in-*
» *demnité, saisit le Conseil de préfecture pour obtenir*
» *le règlement de cette indemnité, conformément à la loi*
» *du 22 juillet 1889.* »

120 — L'article 10 est la reproduction littérale de
l'article 9 du projet de 1884, avec cette seule différence
que le règlement de l'indemnité, au lieu d'être fait conformément à la loi du 28 pluviôse an VIII, doit l'être d'après
les dispositions de la loi du 22 juillet 1889 sur la procédure à suivre devant les Conseils de préfecture.

121 — Dès la fin de l'occupation sonne le quart
d'heure de Rabelais.

L'indemnité due au propriétaire doit être réglée immédiatement *après* ou à la fin de chaque campagne, si les
travaux doivent durer plusieurs années.

122 — Cette disposition met fin à la question si
longtemps discutée de savoir si l'indemnité devait être
réglée et payée avant l'occupation.

123 — La fixation de l'indemnité peut avoir lieu à
l'amiable entre le propriétaire et l'entrepreneur.

C'est le mode de règlement préféré et recommandé par la circulaire du ministre des travaux publics du 15 février 1868.

Il a, en effet, l'avantage de mettre fin à toutes contestations et de terminer le différend.

124 — L'arrangement amiable doit être *écrit*, fait par actes sous-seing privés, sur timbre, en doubles, si les parties savent signer, ou en la forme notariée dans le cas contraire.

125 — Les règles du droit civil lui sont applicables. La simple affirmation d'une convention verbale ne suffit pas.

126 — D'abord, l'entrepreneur est tenu de rapporter à l'administration, pour toucher sa retenue de garantie, la preuve qu'il est libéré de toutes ses obligations envers les tiers. (Article 48 des clauses et conditions générales du 16 février 1892). Ensuite, une simple convention verbale ne serait pas opposable aux tiers. (2 juin 1876, *Abougit* et 19 février 1877, *Faidides.*)

127 — De plus, la convention ne peut être opposée aux tiers, que si elle a date certaine. Elle doit donc être enregistrée. (21 juillet 1824, *Bourdon.*)

128 — Enfin, elle doit être signée par le propriétaire ou son mandataire régulier, la signature du fermier ou du locataire ne suffisant pas. (21 janvier 1869, *Audigné.*)

129 — Lorsqu'elle remplit ces conditions, elle devient la loi des parties et est opposable à leurs représentants ou successeurs. (28 juin 1837, *Papault* — 19 juillet 1854, *Léon.*)

130 — Les difficultés qui peuvent être soulevées sur sa valeur et son application sont du ressort du tribunal civil.

131 — L'importance de l'acte est donc considérable.

S'il est nul, irrégulier ou n'est pas représenté, la juridiction administrative reste compétente. (2 juin 1876, *Abougit* — 10 février 1877, *Faidides*).

132 — A défaut d'entente avec le propriétaire, il est procédé au règlement des dommages en suivant les prescriptions ci-après de la loi du 22 juillet 1889.

133 — Il faut remarquer tout d'abord que le Conseil de préfecture, juridiction normale, toutes les fois que l'occupation est régulière, cesse d'être compétent quand :

Il n'y a pas eu d'arrêté d'autorisation,

Les formalités exigées par la loi n'ont pas été remplies,

L'entrepreneur ne s'est pas conformé à l'arrêté pour les parcelles indiquées, l'objet, la durée des extractions ou fouilles, l'emploi des matériaux, en un mot, en a méconnu les prescriptions.

134 — Dans ces cas, les tribunaux de droit commun peuvent seuls connaître de cette occupation irrégulière qui peut, en certains cas, constituer un délit, mais donne toujours droit à une demande de réparations civiles. (*)

135 — Comme l'indiquent les articles 13, 14, et 17 de la loi du 22 juillet 1889, lorsque la demande d'indemnité est portée devant le Conseil de préfecture par simple requête déposée au greffe, celui-ci ordonne une expertise.

136 — Avant la nouvelle loi de 1892, l'expertise était obligatoire en matière de dommages résultant de l'exécution des travaux publics; par suite des nouvelles dispositions, elle est toujours facultative et le Conseil peut la refuser, même quand elle est demandée.

137 — Sans doute, il y a lieu de l'ordonner toutes les fois qu'il y a contestation sur la matérialité des faits, ou qu'elle est nécessaire pour établir l'importance des dommages.

(*) Voir pour toutes ces questions très intéressantes au point de vue pratique, notre volume *Des Extractions de Matériaux et des Occupations Temporaires*, publié en 1892 par l'Outillage de l'Entreprise et de l'Industrie, A. Popineau et Cⁱᵉ, 1 bis, rue Cadet, à Paris.

4

Mais le Conseil a le droit de la refuser, si elle lui paraît inutile, notamment lorsque la demande doit être rejetée par une fin de non recevoir, indépendante de toute vérification et quand les faits allégués, même en les supposant établis, ne sont pas de nature à justifier la réclamation.

138 — L'expertise est faite par un ou trois experts qui sont nommés, savoir :

L'expert unique par les parties d'accord ou par le Conseil ;

Les trois experts, par les parties d'un commun accord; dans le cas contraire, un par le Conseil, et les deux autres par chacune des deux parties.

Lorsqu'il y a plus de deux parties en cause, chacune d'elle nomme son expert ou est invitée à le faire. (Circulaire ministérielle du 31 juillet 1890).

139 — Si une ou plusieurs parties refusent de faire ce choix, ou ne le font pas connaître, le Conseil nomme l'expert qu'elles auraient dû désigner.

140 — En résumé pour l'évaluation des dommages causés par les occupations temporaires ou les extractions de matériaux, destinés aux travaux publics les trois experts doivent être nommés comme suit:

1 — *Travaux de l'Etat :*

> un par le propriétaire,
> un par le préfet,
> le troisième par le Conseil de préfecture.

II — *Travaux des départements :*

> un par le propriétaire,
> un par le préfet,
> le troisième par le Conseil de préfecture.

III — *Travaux des villes et communes :*

> un par le propriétaire,
> un par le maire de la ville ou de la commune, ou
> par le maire de l'arrondissement pour Paris,
> le troisième par le Conseil de préfecture.

141 — Les fonctionnaires qui ont exprimé une opinion dans l'affaire en litige ou qui ont pris part aux travaux qui donnent lieu à la réclamation, ne peuvent être désignés comme experts. (Art. 17 de la loi du 22 juillet 1889.)

142 — Enfin, les règles établies par le Code de procédure civile pour la récusation des experts sont applicables, dans le cas où les experts sont désignés d'office par le Conseil de préfecture. Seulement la récusation doit être prononcée dans les huit jours de la nomination de l'expert. (Même article.)

143 — Pour ceux choisis par les parties, le droit de récusation existe pour les mêmes causes, mais n'appartient, à celle des parties qui a nommé son expert, contre celui-ci que *pour des motifs survenus depuis sa nomination*.

A ce point de vue, l'article 17 de la loi du 22 juillet 1889 est simplement *énonciatif*, mais non *limitatif*.

144 — « Le principe — dit M. Dufour, II. P. 112, » n° 121 — qui a fait réserver à chaque partie le droit » de signaler au juge civil, comme indigne de sa con- » fiance, l'expert qu'il n'a choisi que dans l'ignorance » des faits qui le rendait suspect *tient de trop près à la* » *nature de sa mission* pour qu'il n'en soit pas de même en » matière administrative. »

Il y a, en effet, dans ce cas, une erreur qui vicie le consentement.

145 — La demande en récusation doit être jugée d'urgence.

146 — Si un expert désigné n'accepte pas sa mission, il en est nommé un autre.

147 — L'expert, qui après l'avoir accepté, ne remplit pas son mandat, peut être condamné à tous les frais frustratoires et même à des dommages et intérêts.

Il est, en outre, remplacé s'il y a lieu.

148 — Les experts n'ont pas le droit d'exiger des provisions, à-comptes ou avances sur leurs vaccations, mais le Conseil peut ordonner qu'il leur soit versé une certaine somme pour les frais des expériences ou des constatations à faire.

149 — Les parties sont averties par les experts des jours et heures auxquels ils procèderont, quatre jours au moins à l'avance, par lettre recommandée.

150 — Les observations échangées par elles doivent être consignées dans le rapport.

151 — Les experts procèdent ensemble, ils dressent un seul rapport en y consignant toutefois, l'opinion motivée de chacun d'eux, lorsqu'ils sont d'avis différents.

152 — Puis ils déposent leur rapport au greffe et le Conseil de préfecture statue.

153 — Le Conseil peut ordonner un supplément d'instruction et demander aux experts les explications et les renseignements qui lui paraissent utiles.

154 — En aucun, cas il n'est obligé de suivre leur avis.

ARTICLE 11

« *Avant qu'il soit procédé au règlement de cette indem-*
» *nité, le propriétaire, figurant dans l'instance ou dûment*
» *appelé, est tenu de mettre lui-même en cause ou de*
» *faire connaître à la partie adverse, soit sur la demande*
» *introductive d'instance, soit dans un délai de quinzaine*
» *à compter de l'assignation qui lui est donnée, les fer-*
» *miers, les locataires, les colons partiaires, ceux qui ont*
» *des droits d'usufruit ou d'usage tels qu'ils sont réglés*
» *par le Code civil et ceux qui peuvent réclamer des servi-*
» *tudes résultant des titres mêmes du propriétaire ou*

» *d'autres actes dans lesquels il serait intervenu; sinon*
» *il reste seul chargé envers eux des indemnités que ces*
» *derniers devront réclamer.* »

155 — L'article 11, en reproduisant littéralement la disposition du projet de loi de 1884 adopté par le Conseil d'Etat, consacre définitivement le principe posé par la loi du 3 mai 1841 en matière d'expropriation pour cause d'utilité publique.

156 — Avant 1872, le Conseil d'Etat ne reconnaissait qu'au propriétaire du terrain le droit d'agir directement dans l'instance.

157 — Depuis, il a accordé ce droit aux fermiers, locataires, colons, aux usufruitiers ou usagers et enfin à tous ceux pouvant réclamer des servitudes résultant des titres du propriétaire ou des actes où il est intervenu.

158 — L'article 11 ne fait que reconnaître et régler l'exercice de ce droit.

159 — Mais, pour que les fermiers, usufruitiers ou bénéficiaires de servitudes puissent user de la faculté qui leur est accordée, il faut qu'ils soient mis en cause et indiqués à la partie adverse.

160 — Le propriétaire est, en conséquence obligé de le faire, soit par la requête, soit dans un délai de quinzaine lorsqu'il est constitué défendeur.

161 — Et comme sanction, s'il néglige cette formalité, il reste seul tenu envers eux du montant des indemnités qui peuvent leur être dues.

162 — Le délai de quinzaine accordé est-il absolu et passé ce délai le propriétaire est-il déchu du droit de faire connaître les autres ayants droit à des indemnités?

163 — La cour de cassation a bien jugé en matière d'expropriation, que la responsabilité encourue par le propriétaire, faute de faire connaître à l'expropriant un ayant droit dont il devait dénoncer l'existence, *est étrangère à l'expropriation* et rentre dans la compétence du tribunal civil. (Cour de cassation — Arrêt du 29 décembre 1873 - D. 1874 - I. P. 195.);

Et que l'expiration du délai accordé au propriétaire emporte déchéance contre lui, en sorte que l'administration est libre· de ne pas tenir compte des avis tardifs qu'il lui a donnés. (Cour de cassation — Arrêt du 12 janvier 1842 - D. 1842 - I. P. 147.)

164 — Mais nous pensons avec MM. de Ramel et Loison (*Revue du contentieux des travaux publics,* n° de mars 1893) que cette dernière décision est trop rigoureuse, et que le propriétaire peut faire utilement ses mises en cause ou indications et que l'administration doit en tenir compte, tant qu'aucune solution définitive n'est intervenue sur le règlement de l'indemnité.

165 — Il doit, à plus forte raison, en être ainsi en matière d'occupation temporaire et d'extraction de matériaux, l'interprétation des Conseils de préfecture étant toujours plus large que littérale, et la nouvelle loi ayant eu surtout en vue de sauvegarder le plus possible les intérêts des propriétaires.

166 — Du reste, comme nous le verrons dans l'article suivant, l'administration est la plus intéressée, dans certains cas, à ce que tous les ayants droit figurent dans l'instance et reçoivent directement les indemnités qui leur reviennent.

ARTICLE 12

« *Néanmoins, en cas d'insolvabilité du propriétaire,*
» *les tiers dénommés à l'article précédent ont, pendant le*
» *délai déterminé par l'article 17 de la présente loi,*
» *recours subsidiaire contre l'administration ou la per-*
» *sonne à laquelle elle a délégué ses droits, à moins que*

» l'arrêté autorisant l'occupation ait été affiché dans la
» commune et inséré dans un journal de l'arrondissement
» ou, à défaut, dans un journal du département. »

167 — Il ne serait pas juste que les tiers intéressés, usufruitiers, bénéficiaires de servitudes ou autres n'ayant pas été appelés dans l'instance, fussent lésés par l'insolvabilité du propriétaire, qui aurait négligé de les faire connaître.

Leur recours contre lui deviendrait alors illusoire.

168 — Aussi, dans le cas où le propriétaire est dans l'impuissance de réparer le préjudice qu'il a ainsi causé par sa faute, l'article 12 donne-t-il aux tiers un recours subsidiaire contre l'administration ou la personne à laquelle elle a délégué ses droits.

169 — Dès 1884, le Conseil d'Etat avait adopté cette disposition très équitable en la forme et au fond.

170 — Si le propriétaire ne peut pas indemniser les tiers lésés, parce qu'il ne les a pas mis en demeure de faire valoir leur droit, c'est à l'administration que ceux-ci peuvent s'adresser subsidiairement.

171 — C'est pour cela que nous disions à l'article 11 que cette dernière était intéressée à allonger jusqu'au dernier moment utile, le délai d'indication accordé au propriéiaire pour appeler ou faire connaître tous ses ayants droit.

172 — « Dans le cas où le propriétaire serait insol-
» vable — disait le rapport lu au Sénat le 3 juin 1892 —
» il serait inadmissible que les tiers qui n'ont pas été
» avertis par la négligence de ce dernier, supportassent
» les conséquences d'une faute qui ne leur est pas impu-
» table. Aussi, un recours contre l'administration ou la
» personne à laquelle elle a délégué ses droits leur est-il
» ouvert par l'article 12 pendant un délai de deux ans. »

173 — Cela est d'autant plus équitable, que ce même

article 12 prescrit un moyen pratique d'échapper au danger
de ce recours.

174 — L'administration peut, en effet, se mettre à
l'abri de toute responsabilité en faisant :

1° Afficher dans la commune,

2° Insérer dans un journal de l'arrondissement, ou s'il
n'en n'existe pas, dans celui du département, l'arrêté
autorisant l'occupation.

175 — Le moyen est simple et sera la plupart du
temps d'autant moins coûteux pour l'administration, que
presque toujours ces frais incomberont *à la personne à
laquelle elle aura délégué ses droits,* c'est-à-dire à l'entrepreneur ou le concessionnaire.

176 — Dans ce cas, il pourra être ajouté à l'arrêté
d'occupation l'article suivant :

« Le présent arrêté sera affiché dans la commune
» de. . . . . . . et publié dans le journal de l'arron-
» dissement de. . . . (ou du département de. . . . »

177 — Et, comme aux termes de l'article 18 ci-après,
en cas d'insolvabilité de l'entrepreneur, l'administration
est responsable des indemnités qui pourraient être dues
aux propriétaires ou leurs ayants droit, elle pourra exiger
des entrepreneurs, demandant des arrêts d'occupations,
l'engagement de faire faire, à leurs frais, l'affichage à la
mairie et la publication dans le journal exigés par
l'article 12.

178 — Par ce moyen elle atteindra le but visé, sans
aucun inconvénient.

Les tiers intéressés n'auront pas à se plaindre, puisqu'ils
auront été avisés par tous les moyens légaux de publicité
et que, s'ils n'ont pas fait connaître leurs droits, il ne peuvent s'en prendre qu'à leur négligence.

179 — « Le recours ne pourrait avoir lieu — disait
» encore le rapport du Sénat — si l'arrêté autorisant
» l'occupation avait été publié et affiché. Dans ce cas, en

» effet, il est possible à tous les ayants droit de se révéler
» en temps opportun, et on ne saurait admettre qu'après
» avoir mis tous les intéressés en demeure de faire valoir
» leurs droits, l'administration put rester exposée pen-
» dant un long délai à leurs réclamations. »

Ces observations sont fort justes et il n'y a rien à y
reprendre.

180 — Comme nous le verrons à l'article 17, l'action
des tiers laissés hors de l'instance, contre l'administration,
lorsque le propriétaire est insolvable et qu'il n'y a pas eu
d'affichage ni de publication de l'arrêté d'occupation, se
prescrit par deux ans.

ARTICLE 13

« *Dans l'évaluation de l'indemnité, il doit être tenu*
» *compte tant du dommage fait à la surface que de la*
» *valeur des matériaux extraits. La valeur des matériaux*
» *sera estimée d'après les prix courants sur place,*
» *abstraction faite de l'existence et des besoins de la*
» *route pour laquelle ils sont pris ou des constructions*
» *auxquelles on les destine et en tenant compte des frais*
» *de découverte et d'exploitation.*

» *Les matériaux n'ayant d'autre valeur que celle qui*
» *résulte du travail de ramassage, ne donnent lieu à*
» *indemnité que pour le dommage causé à la surface.* »

181 — Aux termes de l'article 552 du Code civil :
« *La propriété du sol emporte la propriété du dessus*
» *et du dessous — Le propriétaire peut faire au-dessus*
» *toutes les plantations et constructions qu'il juge à pro-*
» *pos. . . — Il peut faire au-dessous toutes les construc-*
» *tions et fouilles qu'il jugera à propos, et tirer de ces*
» *fouilles tous les produits qu'elles peuvent fournir.* »

182 — Au mépris des dispositions si claires qu'il

renferme et des principes élémentaires du droit de propriété qu'il consacre, la loi du 16 septembre 1807 fixait dans son article 55, une base d'évaluation absolument contraire à son esprit et à ses termes cependant si formels :

« Il n'y aura lieu — dit le second § de cet article — » à faire entrer dans l'estimation, la valeur des matériaux » *que dans le cas ou l'on s'emparerait d'une carrière en* » *exploitation.* »

183 — Cette loi divisait ainsi arbitrairement les matériaux pris par l'administration sur les terrains des particuliers en deux classes bien distinctes :

ceux pris dans une carrière en exploitation,

et ceux extraits d'un terrain non exploité comme carrière.

184 — Pour les premiers, l'administration devait en payer la valeur.

Elle ne devait rien pour les seconds et n'était tenue de payer au propriétaire qu'une indemnité pour le dommage causé par les fouilles.

185 — Cette classification étrange, anti-légale, donnait lieu à des difficultés considérables.

186 — On se demandait ce qu'on devait entendre par *carrières,* quand il y avait *exploitation,* si l'exploitation devait être *régulière, actuelle,* etc. etc.

Nous avons étudié toutes ces questions dans un précédent ouvrage (*)

Par suite de la nouvelle loi, elles n'ont plus qu'un intérêt historique.

187 — Cette base d'évaluation, depuis longtemps condamnée, fut attaquée dès 1827 par M. d'Orvilliers, à propos de l'article 145 du Code forestier. Le commissaire du roi, M. de Martignac, reconnut le caractère *exhorbitant* de la loi de 1807, tout en déclarant que l'importance de la

---

(*) *Des Extractions de matériaux et des occupations temporaires.*

question nécessitait une loi nouvelle, qui ne fut d'ailleurs jamais présentée.

188 -- Le droit de propriété emportant aussi bien la propriété du dessus que du dessous du sol et permettant de disposer absolument de sa chose à sa guise et à sa volonté, l'Etat n'a pas à s'occuper du mode de jouissance employé et ne peut dépouiller un particulier, *parce qu'il ne tire pas parti de son fonds.*

189 — On comprend que devant l'utilité générale, les droits privés s'effacent ; mais c'est à la condition qu'une indemnité égale au préjudice causé sera accordée à celui qui l'éprouve.

190 — Malgré l'évidence de ces vérités presque banales, l'abus a duré plus de quatre-vingts ans.

L'amendement proposé au budget de 1869 par MM. de Talhouët et Martel et pris en considération par le Corps législatif, les projets de loi déposés par MM. Christophle en 1871, Lévêque en 1876 et 1878, Petit-Jean en 1881, pour faire modifier l'article 55 de la loi du 1807, n'aboutirent pas.

191 — Et bien plus, tant il est vrai que les abus s'enracinent en France avec une facilité toute particulière, le Conseil d'Etat consulté par la commission de la Chambre, tout en reconnaissant l'impossibilité de maintenir cet article, imaginait un système bâtard, aussi étrange que partial.

Il proposait, en cas d'ouverture d'une carrière nouvelle, d'appliquer l'article 716 du Code civil ainsi conçu :

« La propriété d'un trésor appartient à celui qui le
» trouve dans son propre fonds : si *le trésor* est trouvé
» dans le fonds d'autrui, *il appartient pour moitié à celui*
» *qui l'a découvert,* et pour l'autre moitié au propriétaire
» du fonds. »

192 — De telle sorte que l'administration ou son représentant, étant assimilés à l'inventeur, l'indemnité à donner au propriétaire devait comprendre, outre le dommage de la superficie, *la moitié* du prix des matériaux, estimés sous défalcation du montant de ce dommage et des frais d'exploitation, l'administration bénéficiant de l'autre moitié.

193 — Le Conseil d'Etat avait oublié — *bonus quando dormitat Homerus* — que d'après la définition de ce même article 716 dont il imposait l'application « Le trésor est » toute chose cachée ou enfouie, *sur laquelle personne ne* » *peut justifier sa propriété, et qui est découverte par le pur effet du hasard.* »

Or, la carrière cachée ou non exploitée, est précisément tout le contraire, elle a un propriétaire connu et elle est toujours découverte *après des recherches voulues et calculées.*

194 — Aussi, la commission, convaincue que l'analogie invoquée par le Conseil d'Etat, entre deux situations entièrement différentes, n'était ni exacte, ni acceptable, estima-t-elle avec raison qu'il fallait revenir à la véritable législation, le Code civil, en tenant compte dans tous les cas, tant du dommage fait à la surface que de la valeur des matériaux extraits, et en déduisant équitablement, lorsqu'il n'y a pas d'exploitation commencée de ces matériaux, les frais de découverte et d'extraction.

C'est ainsi que l'article 13 de la nouvelle loi, qui n'est que l'affirmation des conséquences logiques de l'article 552 du Code civil, a été heureusement voté.

195 — Son interprétation est simple :

196 — L'indemnité se compose de deux éléments :
1° Le dommage fait à la surface,
2° La valeur des matériaux extraits.

197 — 1° Le dommage à la surface doit être *né* et *actuel*, c'est-à-dire *exister* au moment du règlement de l'indemnité, ou être considéré comme certain et devant être fatalement acquis dans un temps donné.

198 — Ce principe vient d'être posé par le Conseil d'Etat dans son arrêt du 5 août 1892. (*Pasquet* c. *Klehe et autres*).

Le propriétaire réclamait une indemnité à l'entrepreneur qui, « avait remplacé les talus en pente douce, » s'abaissant de l'extrémité des propriétés occupées jusqu'à » l'étang de Thau par des falaises » pour consolider les talus, devant certainement se produire à bref délai.

Et le Conseil d'Etat lui a donné raison en décidant:

« Que ce changement a eu pour résultat de rendre » nécessaires des travaux de consolidation en vue de » prévenir les éboulements ; que cette situation constituait » pour les propriétaires un *dommage né* et *actuel,* dont il » appartenait au Conseil de préfecture d'ordonner la » réparation. »

Nous renvoyons pour le mode de fixation de l'indemnité due pour le dommage causé, aux pages 180 et 190 de notre volume des *Extractions de matériaux et des Occupations temporaires,* où toutes les questions qui s'y rapportent sont largement traitées.

199 — 2° La valeur des matériaux extraits est payée au propriétaire au même prix; soit qu'ils proviennent d'une carrière en exploitation, soit qu'ils soient retirés d'une carrière nouvellement ouverte par l'administration.

200 — Ces prix sont les *prix courants sur place,* c'est-à-dire en usage dans le pays, en temps normal.

201 — Il n'y a pas lieu de tenir compte des variations que les travaux, auxquels ils sont destinés peuvent avoir causés au cours ordinaire.

202 — De plus, comme par le passé, l'emploi qui en est fait ne peut avoir aucune influence sur la fixation du prix.

203 — Le principe est donc que : les matériaux pris doivent être payés *la somme qu'ils auraient rapportée au propriétaire,* peu importe l'usage ou l'emploi qui en est fait.

204 — C'est la valeur *réelle* et non celle donnée par l'ouvrage pour lesquels ils servent qui doit être appliquée.

L'évaluation doit être faite, dit l'article 13 : « Abstrac-
» tion faite de l'existence et des besoins de la route pour
» laquelle ils sont pris, ou des constructions auxquelles
» on les destine. »

205 — La conséquence naturelle qui en découle, est qu'il faut déduire du prix fait : *les frais de découverte ou d'exploitation des carrières,* avancés par l'administration et que le propriétaire aurait eu évidemment à débourser s'il avait lui-même exploité.

206 — Par une exception qui s'explique d'elle-même, les matériaux sans valeur intrinsèque ne sont pas payés et leur ramassage ne donne lieu qu'à une indemnité représentant le dommage que peut avoir causé cette opération à la surface.

ARTICLE 14

« *Si l'exécution des travaux doit procurer une augmen-*
» *tation de valeur immédiate et spéciale à la propriété,*
» *cette augmentation sera prise en considération dans*
» *l'évaluation du montant de l'indemnité.* »

207 — L'article 14 est l'application aux dommages, en matière d'occupation temporaire ou d'extraction de matériaux, de la règle édictée par l'article 51 de la loi du 3 mai 1841, quand il s'agit de plus-value en matière d'expropriation.

208 — Il en reproduit même les termes comme le faisait le projet de 1884, avec d'autant plus de raison, que la jurisprudence du Conseil d'Etat avait depuis long-temps consacré le même principe dans le mode de calcul des indemnités relatives aux occupations. (23 janvier 1874,

Brémond de Saint-Paul; 11 novembre 1881, *Desbuttes;*
9 mai 1884, *Camusat* et *Zodeau;* 22 mai 1885, *Ville de
Paris.*)

209 — L'augmentation de la valeur de la propriété,
résultant des travaux, doit donc être prise en considération
dans l'évaluation du montant de l'indemnité, en d'autres
termes ; *compensée avec le montant de cette indemnité.*

210 — Quoique au point de vue absolu, il soit « inique
» — comme le faisait remarquer l'arrêtiste en commen-
» tant l'arrêt du 23 janvier 1874 — de faire payer à un
» propriétaire, en ne lui allouant que la moité de l'in-
» demnité qu'on reconnaît lui être due, une quote-part
» des avantages généraux procurés à tout un quartier,
» alors que d'autres propriétaires voisins, que les travaux
» se trouveront n'avoir pas lésés, bénéficieront dans une
» proportion égale et peut-être supérieure des mêmes
» améliorations et embellissements » ; les législateurs de
1892 ont préféré accepter les principes du Conseil d'Etat
à savoir que l'administration étant tenue de réparer le
dommage causé par ces travaux, il est juste de faire
entrer en compensation de l'indemnité les avantages
qu'apportent ces mêmes travaux et qui diminuent d'autant
le préjudice.

211 — Mais pour qu'elle soit admise en compensation, il faut que la plus-value soit *immédiate* et *spéciale,*
comme le dit l'article 14.

212 — La plus-value doit aussi provenir *directement*
de l'exécution des travaux ayant donné lieu à l'occupation.

L'administration ne réparant pas les dommages indirects,
il est juste qu'il ne lui soit pas tenu compte des *plus-values
indirectes* ; comme celle. par exemple, procurée à tous les
moulins d'une région par la création d'un chemin de fer.

213 — La plus-value pour être *immédiate* dans le
sens de la loi, doit être *présente et certaine.*

Le conseil d'Etat n'admettait déjà que la valeur

acquise, certaine et non aléatoire. (12 février 1892, *Chemin de fer du Midi*).

214 — Elle doit également être *spéciale à la propriété*, c'est-à-dire particulière aux fonds occupés, et ne doit pas comprendre l'augmentation de valeur des autres parcelles non occupées, appartenant au même propriétaire.

215 — Sur ce point, la jurisprudence du Conseil d'Etat a complètement varié, car après avoir, dans un arrêt du 9 mai 1884, *Camusat* et *Godeau*, décidé qu'il y avait lieu de tenir compte de la plus-value des parcelles voisines de celles occupées : « Considérant que les *par-* » *celles non occupées* de la propriété des sieurs Camusat » et Godeau ont également profité de cette plus-value, » et qu'il doit en être tenu compte dans l'évaluation de » l'indemnité, » il a déclaré le 31 juillet 1891, dans l'arrêt *Pradon*, que pour qu'il y eut compensation, la plus-value devait être inhérente, spéciale à la parcelle occupée et *non à une parcelle contigue appartenant au même propriétaire.*

216 — Mais les termes de l'article 14 sont aussi formels que précis, la valeur doit être *spéciale* à la propriété, au fonds sur lequel s'est exercée la servitude.

Nul doute à ce sujet.

217 — Dans la pratique, il peut arriver :

Qu'il y ait compensation absolue entre l'indemnité due et la plus-value acquise;

Même que la plus-value soit supérieure au dommage éprouvé.

Que doit-on décider en pareil cas?

218 — Dans les deux cas, la Cour de cassation a décidé que, sous prétexte de plus-value, on ne pouvait refuser toute indemnité à l'exproprié. (Arrêts des 26 janvier 1857 — 15 novembre 1858).

219 — Le Conseil d'Etat au contraire, semble admettre qu'il peut y avoir compensation absolue.

« Considérant — a-t-il décidé dans un arrêt du 5 août
» 1892, *Pasquet* — que cet expert a tenu compte ... de
» la valeur vénale du terrain avant et après l'exécution
» des travaux et qu'il a estimé que la plus-value que
» certaines parties avaient pu recevoir, n'était pas de
» nature *à compenser entièrement* le dommage causé au
» surplus des propriétés occupées. »

220 — Etant donné les termes fort clairs de l'article 51 de la loi du 3 mai 1841, reproduits littéralement par l'article 14 de la nouvelle loi, et qui sont les suivants : « Si l'exécution des travaux doit procurer une augmen-
» tation de la valeur, cette *augmentation sera prise en*
» *considération;* » nous nous rangeons sans hésiter à l'avis de MM. de Ramel et Loison (*Revue du contentieux des travaux publics*, n° d'avril 1893), qui déclarent nettement que : « quelle que soit l'importance de la plus-
» value, elle ne peut jamais permettre, tout compte fait,
» de déclarer le propriétaire débiteur; *il doit toujours y*
» *avoir une indemnité ;* le texte même de notre article le
» suppose et le rapport à la Chambre des députés pourrait
» être invoqué en ce sens. »

221 — Le rapport auquel ce passage fait allusion dit en effet :

« L'article 14 propose d'appliquer, en matière de dom-
» mage la règle édictée par l'article 51 de la loi du
» 3 mai 1841, quand il s'agit de plus-value en matière
» d'expropriation, et n'est que la reproduction de cet
» article. Il est impossible, du reste, de comprendre
» comment, si la compensation de plus-value est opposée,
» au cas où l'Etat s'empare pour toujours d'une partie
» de la propriété, elle ne le serait pas lorsqu'il s'agit
» d'une occupation partielle ou temporaire, c'est-à-dire
» d'un dommage moindre.
» La jurisprudence l'a si bien compris, qu'elle a, en
» l'absence de texte, appliqué cette règle même en l'élar-

» gissant, car elle ne semble pas exiger que la plus-value
» soit spéciale. (Conseil d'Etat, 23 janvier 1874 — 4 août
» 1876.)

» Nous ne pouvons vous proposer d'aller aussi loin.
» Ne serait-il pas injuste, en effet, de faire payer à un
» propriétaire, sous forme de plus-value, en ne lui
» allouant qu'une part de l'indemnité due, les avantages
» généraux procurés à tout un quartier par la création ou
» l'élargissement de voies publiques, alors que les pro-
» priétaires voisins, que les travaux n'auront pas lésés,
» bénéficieront dans une proportion égale et même peut-
» être supérieure des mêmes améliorations ? Le texte
» proposé est du reste conforme à celui adopté dans le
» projet du Conseil d'Etat présenté par le gouverne-
» ment. »

L'interprétation de MM. de Ramel et Loison, basée sur
la lettre de la loi et la pensée affirmée du législateur est
donc de tout point excellente.

222 — Nous ajouterons comme argument tiré du
texte, que les expressions : *in fine* « *cette augmentation
» sera prise en considération,* » ne sauraient équivaloir
» à ceux de « *entrera en compensation,* » qui pourraient
seuls motiver l'interprétation du Conseil d'Etat.

223 — Il appartient, en tous cas aux tribunaux
compétents, de décider dans quelle mesure la compensation
peut avoir lieu, en s'inspirant de la pensée des rédacteurs
de l'article 14.

ARTICLE 15

« *Les constructions, plantations et améliorations ne
« donneront lieu à aucune indemnité lorsque, à raison
» de l'époque où elles auront été faites ou de toute autre
» circonstance, il peut être établi qu'elles ont été faites
» dans le but d'obtenir une indemnité plus élevée.* »

224 — L'article 15 est nouveau, mais la disposition

qu'il contient est conforme à l'article 52 de la loi du 3 mai 1841 sur les expropriations, ainsi conçu :

« Les constructions, plantations et améliorations ne » donneront lieu à aucune indemnité lorsque, à raison de » l'époque où elles auront été faites ou de toutes autres » circonstances dont l'appréciation lui est abandonnée, » le jury acquiert la conviction qu'elles ont été faites » *dans la vue d'obtenir une indemnité plus élevée.* »

225 — Ce que cet article a voulu empêcher tout d'abord et atteindre, si elle se produit, c'est la fraude consistant de la part d'un propriétaire, à faire sur une propriété ou une parcelle, qu'il sait devoir être expropriée, des constructions, plantations ou améliorations quelconques, destinées, en augmentant la valeur de la propriété, à faire accorder par le jury une indemnité plus considérable que celle qui eût été accordée sans ces améliorations.

226 — Le fait s'est présenté assez fréquemment. Des usiniers, commerçants, agriculteurs avertis, de l'expropriation de leurs immeubles, ont souvent par des constructions ou aménagements servant de *trompes-l'œil,* et dont ils exagéraient l'importance, tenté de donner une valeur double ou triple à leur propriété, et quelquefois le jury trompé par des apparences factices, est tombé dans le piège qui lui était tendu.

227 — Le cas se présentera plus rarement en matière d'occupation temporaire et d'extraction de matériaux, à cause de la rapidité de la procédure et des délais très courts qui séparent l'arrêté du préfet de la constatation de l'état des lieux. Mais il peut se produire, et cela suffit pour justifier la disposition nouvelle.

228 — Le projet de 1884 l'avait supprimé pour le double motif, que la brièveté des délais en matière d'occupation, ne permettaient guère les améliorations frauduleuses et que, si elle se produisaient, le Conseil de préfecture pourrait en tenir tel compte qu'il jugerait convenable en fixant l'indemnité.

229 — « La Commission de la Chambre a pensé
» cependant qu'il était utile d'introduire dans la législation
» en matière de dommage, une disposition analogue à
» celle de l'article 52 de la loi du 3 mai 1841, *pour pré-*
» *ciser davantage les bases d'après lesquelles l'indem-*
» *nité doit être fixée.* » (Rapport de la commission à la
séance du 3 juin 1892).

230 — Personne ne pourra s'en plaindre, pas même
le propriétaire, qui n'aura qu'à s'en prendre à lui-même
s'il subit un dommage auquel il s'est exposé, dans le but
peu avouable d'obtenir une indemnité plus élevée que
celle qui lui était légitimement due.

ARTICLE 16

« *Les matériaux dont l'extraction est autorisée ne*
» *peuvent, sans le consentement écrit du propriétaire, être*
» *employés, soit à l'exécution de travaux privés, soit à*
» *l'exécution de travaux publics autres que ceux en vue*
» *desquels l'autorisation a été accordée.*
» *En cas d'infraction, le contrevenant paye la valeur*
» *des matériaux extraits, et est puni correctionnellement*
» *d'une amende qui sera fixée ainsi qu'il suit :*
» *Par charretée ou tombereau, de 10 à 30 francs par*
» *chaque bête attelée;*
» *Par charge de bête de somme, de 5 à 15 francs.*
» *Par charge d'homme, de 2 à 6 francs.*
» *Les mêmes peines seront applicables au cas où*
» *l'extraction n'aurait pas été précédée de l'autorisation*
» *administrative.*
» *Il pourra être fait application de l'article 463 du*
» *Code pénal.* »

231 — L'arrêt du Conseil du Roi du 7 septembre 1755 est ainsi conçu :

« Le Roi défend, sous peine d'amende, dommages-
» intérêts, aux propriétaires de s'opposer à ces enlève-
» ments (de matériaux) dans les lieux non clos; mais *il*
» *veut* qu'ils soient dédommagés et *que les matériaux ne*
» *puissent servir qu'aux ouvrages auxquels ils sont*
» *destinés. . .; que les entrepreneurs ne puissent faire*
» *aucun autre usage des matériaux* qu'ils auront extrait
» des terres appartenant à des particuliers, *que de les*
» *employer dans les ouvrages dont ils sont adjudicataires*
» *à peine de dommages et intérêts.* »

232 — Cette disposition est reproduite dans l'ordonnance réglementaire sur le Code forestier du 1ᵉʳ avril 1827,
dont l'article 173 charge les agents forestiers, ingénieurs
et conducteurs de veiller « à ce que les entrepreneurs
» n'emploient pas les matériaux provenant des extractions,
» *à d'autres travaux* que ceux pour lesquels elles ont
» été autorisées. »

L'ordonnance du 5 octobre 1845 relative aux extractions
dans les bois et forêts, les clauses et conditions générales
des ponts et chaussées de 1833, article 9, de 1866, article 21, du 16 février 1892, même article, ceux du génie
militaire du 7 mai 1857, article 24, du 25 novembre 1876,
article 27 et du 17 juillet 1889, article 23, ont aussi reproduit la même prohibition.

233 — Avant la loi de 1892 cette défense avait
pour sanction l'application des peines de police édictées et
la privation du bénéfice de la compétence administrative
au profit de l'entrepreneur.

234 — Dès 1849, le Conseil d'Etat décidait, en effet,
que les tribunaux ordinaires sont seuls compétents pour
connaître des faits commis par l'entrepreneur en dehors
de sa qualité de représentant de l'administrateur. (11 août
1849, *Quesne*) et il a maintenu cette jurisprudence (8 mai
1861, *Leclerc* — 23 mars 1870, *Rousseau).*

235 — Mais ces garanties dépendant du bon plaisir de l'administration n'ont pas paru suffisantes à la commission, car, disait-elle dans son rapport, « trop souvent » on a vu les entrepreneurs contrevenir à l'arrêté de » 1755, sans encourir aucune pénalité. »

236 — En conséquence, pour combler la lacune laissée par le projet de loi de 1884 et la législation antérieure, l'article 16 actuel applique les pénalités — empruntées à l'article 144 du Code forestier — aux extractions de matériaux non employés aux travaux auxquels ils étaient destinés.

237 — Il est essentiel de remarquer :
1° Que la valeur des matériaux extraits est toujours due par l'entrepreneur condamné aux amendes fixées par l'article 16, même lorsqu'il a obtenu des circonstances atténuantes ;
2° Que les pénalités de ce même article 16 sont applicables aussi au cas où l'extraction opérée n'aurait pas été précédée de l'autorisation administrative. (Rapport de la commission du Sénat).

238 — Il résulte formellement de la discussion au Sénat, le 10 juin 1892, que la juridiction compétente pour l'article 16, comme pour toute la loi nouvelle, est celle du Conseil de préfecture.

239 — En cas de condamnation, l'article 463 du Code pénal autorisant la réduction de l'amende prononcée au-dessous de 16 fr., mais au-dessus de 1 fr., et la loi Bérenger du 26 mars 1891 permettant de surseoir à l'exécution de la peine pendant cinq ans et à réputer non avenue la condamnation, si dans ce délai le délinquant n'a pas été condamné pour crime ou délit de droit commun, sont applicables.

240 — Pour que les peines de l'article 16 soit encourues, il faut que l'entrepreneur ait réellement détourné les matériaux extraits de leur destination.

241 — L'entrepreneur a assurément le droit d'employer pour d'autres travaux les matériaux rebutés pour les travaux prévus dans l'arrêté d'autorisation (4 mai 1877, *Compagnie du Midi*).

Il peut aussi vendre les matériaux refusés et les déchets de fabrication (20 février 1880, *Hallaure-Deslandes*).

La nouvelle disposition pénale de l'article 16 n'est pas applicable à ces cas.

Du reste, pour toutes ces questions, nous renvoyons le lecteur à notre traité : *Des Extractions de matériaux et des occupations temporaires* ».

ARTICLE 17

« *L'action en indemnité des propriétaires ou autres* » *ayants droit, pour toute occupation temporaire de* » *terrains autorisée dans les formes prévues par la pré-* » *sente loi, est prescrite par un délai de deux ans à* » *compter du moment où cesse l'occupation.* »

242 — La rédaction de l'article 17 est la même que celle du projet de 1884 adopté par le Conseil d'Etat.

243 — L'action en indemnité du propriétaire pour dommage se prescrivait par le délai ordinaire de droit commun de trente ans. (11 décembre 1877 — 13 juin 1890, *Batreau.*)

244 — Mais les articles 9 et 10 de la loi du 29 janvier 1831 réduisent à cinq ans le délai de déchéance, lorsque le débiteur est l'Etat.

245 — Sur la proposition de la commission du Sénat, trouvant que la durée de l'action beaucoup trop longue tant pour l'Etat que pour l'administration présentait de graves inconvénients, la loi de 1892 réduisant, en s'inspirant de celle du 21 mai 1836, la durée de l'action à deux ans, a été votée.

246 — Donc, désormais, que ce soit l'Etat, l'administration, l'entrepreneur ou les personnes substituées qui soient débiteurs, au bout de deux ans, le propriétaire a perdu le droit de leur demander l'indemnité due pour occupation temporaire ou extraction de matériaux. La déchéance est acquise contre son action par le seul fait de l'expiration du terme de deux ans.

247 — Comme l'indique l'article 17, la prescription commence à courir à compter du moment où cesse l'occupation.

Cette disposition prévue coupe court à toute difficulté.

248 — Il faut ajouter que l'occupation prend fin :

Ou à l'époque fixée par l'arrêté préfectoral qui l'autorise (Article 3) ;

Ou au moment de l'épuisement de la carrière. (18 février 1887, *Compagnie des Chemins de fer du Midi*) ;

Ou à l'achèvement des travaux. (Même arrêt).

249 — Enfin, d'après la jurisprudence du Conseil d'Etat, les travaux sont terminés *à partir de la réception définitive* et non à compter de la réception provisoire. (20 juin 1890, *Redon*).

ARTICLE 18

« *Les propriétaires des terrains occupés ou fouillés et* » *les autres ayants droit ont, pour le recouvrement des* » *indemnités qui leur sont dues, privilège et préférence à* » *tous les créanciers sur les fonds déposés dans les caisses* » *publiques pour être délivrés aux entrepreneurs ou* » *autres personnes auxquelles l'administration a délégué* » *ses droits, dans les conditions de la loi du 25 juil-* » *let 1891.*

» *En cas d'insolvabilité de ces personnes, ils ont un*

» recours subsidiaire contre l'administration, qui doit les
indemniser intégralement. »

250 — Le décret-loi du 26 pluviôse an II, est ainsi
conçu :

« Article 1er. — *Les créanciers particuliers des entre-*
» *preneurs et adjudicataires* des ouvrages faits et à faire
» pour le compte de la Nation, *ne peuvent,* jusqu'à l'orga-
» nisation des travaux publics, *faire aucune saisie-arrêt*
» *ni opposition sur les fonds déposés* dans les caisses des
» receveurs de district (remplacés aujourd'hui par les
» payeurs du trésor public) *pour être délivrés aux dits*
» *entrepreneurs ou adjudicataires.*

» Article 2. — *Les saisies-arrêts et oppositions qui*
» *auraient été faites* jusqu'à ce jour par les créanciers
» particuliers desdits entrèpreneurs ou adjudicataires *sont*
» *déclarées nulles et comme non avenues.*

» Article 3. — *Ne sont point comprises dans les dis-*
» *positions des articles précédents* les créances provenant
» du salaire des ouvriers employés par lesdits entrepre-
» neurs, et *les sommes dues pour fournitures de maté-*
» *riaux et autres objets servant à la construction des*
» *ouvrages. »*

251 — Il crée donc, suivant les expressions de la
Commission de la loi de 1892, « un véritable privilège
» au profit des ouvriers et fournisseurs de l'entreprise. »

252 — Mais le Conseil d'Etat décidait par une jurisprudence constante que ce décret visant exclusivement
les travaux de la Nation, c'est-à-dire de l'Etat, ne peut
s'appliquer aux travaux faits pour le compte des départements, des communes et des établissements publics.

253 — Dès 1884, le projet de loi adopté par le
Conseil d'Etat a voulu faire cesser cette distinction que
ne légitimait aucune raison sérieuse, en trouvant une
formule générale appliquant le privilège accordé par le
décret de l'an II aux ouvriers et fournisseurs, aussi bien

aux propriétaires dont les terrains ont été occupés et fouillés ou étudiés, qu'aux ouvriers et fournisseurs de l'entreprise, non seulement pour les travaux de l'Etat, mais encore pour tous les travaux exécutés pour les départements, les communes et les autres établissements publics.

254 — Sa rédaction est celle du présent article 18.

255 — Désormais les propriétaires viendront avec les mêmes droits que les ouvriers et fournisseurs, sur les sommes restées dues à l'entrepreneur.

256 — De plus, ils seront sur le même rang qu'eux, aucune catégorie ne pouvant être établie entre les créanciers privilégiés. (Arrêt de la cour de cassation du 22 janvier 1868, D. 1868. I. P. 55.)

257 — Mais les législateurs de 1892, comme ceux de 1884, ne se sont pas arrêtés là, ils ont voulu, en outre « accorder aux propriétaires, ayants droit un recours » subsidiaire contre l'administration, au cas d'insolvabilité, » soit de l'entrepreneur soit des autres personnes aux- » quelles l'administration a délégué ses droits. La » servitude d'occupation temporaire et d'instruction est » en effet établie dans l'intérêt de l'administration, il est » juste et équitable qu'elle soit responsable des fautes » qu'elle a pu commettre en choisissant mal ses repré- » sentants. »

258 — Il en résulte que dans tous les cas, qu'il soit dû ou non un solde à l'entrepreneur, l'administration est tenue subsidiairement au paiement de l'indemnité.

259 — Le Conseil d'Etat s'est déjà prononcé en ce sens, mais l'insertion de ce principe dans la loi est préférable à une jurisprudence toujours variable.

260 — L'administration a, du reste, un moyen bien simple — qu'elle emploie depuis longtemps — pour éviter les conséquences du recours subsidiaire que la loi accorde contre elle au propriétaire : c'est de ne délivrer à l'entrepreneur sa retenue de garantie et son cautionnement *qu'après* la production de quittances en forme et pour solde de tous les propriétaires, dont les terrains ont été occupés et dont elle conraît parfaitement les noms et les droits.

261 — Les entrepreneurs se mettront d'autant mieux en règle qu'ils y sont intéressés et que l'article 48 des nouvelles clauses et conditions générales du 16 février 1848 leur en fait une obligation.

ARTICLE 19

« *Les plans, procès-verbaux, certificats, significations,*
» *jugements, contrats, quittances et autres actes faits en*
» *vertu de la présente loi seront visés pour timbre et*
» *enregistrés gratis, quand il y aura lieu à la formalité*
» *de l'enregistrement.* »

262 — Déjà la loi du 3 mai 1841 avait inséré cette disposition d'ordre économique dans le § 1er de son article 58, dont l'article 19 n'est que la reproduction.

263 — Elle s'explique d'elle-même. Il n'était pas possible de faire avancer ces frais par l'administration, et il eût été injuste de les faire supporter par le propriétaire.

264 — D'un autre côté, il faudra avoir recours quelquefois à l'enregistrement des pièces, formalité qui aurait pu donner lieu à des lenteurs très grandes dans les conditions ordinaires.

Grâce au visa et à l'enregistrement gratis, tout incon-inconvénient se trouve évité.

ARTICLE 20

« *Toutes les dispositions antérieures des lois, anciens*
» *arrêts du Conseil, ordonnances, décrets et règlements*
» *demeurent abrogés en ce qu'elles auraient de contraire*
» *à la présente loi. Toutefois la loi du 30 mars 1831*
» *relative à l'expropriation et à l'occupation temporaire*
» *en cas d'urgence, des propriétés privées nécessaires aux*
» *travaux de fortifications, continuera à recevoir son*
» *application.* »

265 — Le projet de 1884 ne contenait que le premier § de l'article 20. Le deuxième est nouveau.

266 — « L'article 20 — disait à ce sujet le rapport
» de la commission — abroge les dispositions antérieures en
» ce qu'elles ont de contraire à la présente loi ; toutefois,
» il peut arriver que l'occupation soit nécessaire et urgente
» pour les travaux de fortifications nécessaires à la défense
» nationale. Ce cas ayant été spécialement prévu dans la
» la loi du 30 mars 1831, nous vous proposons de main-
» tenir cette loi en vigueur pour ce cas exceptionnel et
» spécial, dans lequel les garanties que nous imposons
» pourraient entraîner des lenteurs préjudiciables à la
» défense du territoire. »

267. — L'article principal de la loi du 30 mars 1831 maintenue, est ainsi conçu :
« Article 13. — L'occupation temporaire prescrite par
» ordonnance royale, ne pourra avoir lieu que pour des
» propriétés non bâties.
« L'indemnité annuelle représentative de la valeur loca-
» tive de ces propriétés, et du dommage résultant du fait
» de la dépossession, sera réglée à l'amiable ou par auto-
» rité de justice, et payée par moitié, de six mois en six
» mois, au propriétaire et au fermier, le cas échéant.
» Lors de la remise des terrains, qui n'auront été occu-

» pés que temporairement, l'indemnité due pour les dété-
» riorations causées par les travaux, et pour la différence
» entre l'état des lieux au moment de la remise et l'état
» constaté par le procès-verbal descriptif, sera payé sur
» règlement amiable ou judiciaire, soit au propriétaire,
» soit au fermier ou exploitant, et selon leurs droits
» respectifs. »

268 — Les dispositions de l'article 20 sont logiques et ont pour but d'éviter des contradictions de textes fertiles en procès.

269 — Mais précisément, à cause de cela, nous ferons à sa rédaction un reproche qu'il faudrait adresser, hélas ! à la plupart de nos lois récentes, c'est de ne pas préciser les dispositions antérieures des lois et règlements qu'elle entend abroger, et qu'elle considère *comme contraires à la présente loi.*

C'est toujours là une source intarissable de discussions et de procès aussi longs que délicats qu'il est possible d'éviter.

270 — Ce travail eût été, du reste, facile, si facile même, que nous n'hésitons pas à le faire.

271 — En résumé,

Restent seulement en vigueur :

I. — La loi du 30 mars 1831 dans son entier ;

II. — Les dispositions des arrêts du Conseil du Roi du 14 mars 1741, 5 avril 1772 et 17 septembre 1776 et les deux ordonnances des 29 mars 1754 et 17 juillet 1781, défendant expressément,

à tous carriers :

» D'ouvrir aucune carrière de pierres, moëllons mar-
» nes sur les bords et côtes des grandes routes *qu'à une*
» *distance de trente-deux toises (58ᵐ50) de l'extrémité de*
» *la largeur* (bord extérieur) *des fossés...* ;

« De pierres de taille, moëllons, grés et autres fouilles
» pour tirer de la marne, glaise ou sable, *qu'à trente*

» *toises de distance du pied des arbres plantés au long des*
» *grandes routes;* et ne pourront pousser aucune fouille
» ou galerie souterraine du côté desdites routes *à moins*
» *de trente toises de distance* desdites plantations.

» A tous carriers, laboureurs et tous autres de poser
» aucuns matériaux, gravois, décombres, fumiers, terres,
» immondices sur aucune partie des grandes routes et
» chaussées, comme aussi de ne faire aucuns trous et fouilles
» sur les côtés des chaussées et accotements, ni sur les
» glacis sous quelque prétexte que ce soit, même d'y
» prendre du sable, de la pierre ou autres matériaux, ou
» d'y faire aucune culture..... »

III — L'arrêt du Conseil du 24 avril 1777 interdisant
de prendre des matériaux dans le lit des rivières naviga-
bles ou sur leur bord, à peine de 500 livres d'amende.

IV — La loi du 25 juillet 1845 *sur la police des che-*
mins de fer, qui a classé dans la grande voirie les chemins
de fer construits ou concédés par l'Etat, dont voici les
dispositions des trois premiers articles :

« Article 1. -- Les chemins de fer construits ou concé-
» dés par l'État font partie de la grande voirie.

» Article 2. — Sont applicables aux chemins de fer
» les règlements sur la grande voirie.

» Article 3. —Sont également applicables à la confec-
» tion et à l'entretien des chemins de fer, les lois ou règle-
» ments sur l'extraction des matériaux nécessaires aux
» travaux publics. »

V — Le décret du 10 août 1853 dont les articles 9, 40
et 48 sont ainsi conçus :

« Article 9. — Dans la troisième zone des servitudes
» des places et des postes, il ne peut être fait aucun che-
» min, aucune levée ni chaussée, aucun exhaussement de
» terrain, aucune fouille ou excavation, aucune exploita-
» tion de carrière, aucune construction au-dessus du ni-
» veau du sol, avec ou sans maçonnerie, enfin, aucun
» dépôt des matériaux ou autres objets, sans que leur
» alignement et leur position n'aient été concertés avec

» les officiers du génie, et que, d'après ce concert, le mi-
» nistre de la guerre n'ait déterminé ou fait déter-
» miner par un décret les conditions auxquelles les tra-
» vaux doivent être assujettis dans chaque cas particulier.

« Article 40. — Les gardes du génie dûment asser-
» mentés recherchent les contraventions et les constatent
» aussitôt qu'elles sont reconnues.

» Article 48. — Les contrevenants, outre la démolition
» à leurs frais des ouvrages indûment exécutés, encourent,
» selon le cas, les peines applicables aux contraventions
» analogues en matière de grande voirie, conformément à
» l'article 13 de la loi du 17 juillet 1819. »

VI — L'article 145 du Code forestier du 18 juin 1859
dont voici les termes :

« Il n'est point dérogé aux droits conférés à l'adminis-
» tration des ponts et chaussées d'indiquer les lieux où
» doivent être faites les extractions de matériaux pour
» les travaux publics, néanmoins les entrepreneurs seront
» tenus envers l'Etat, les communes et établissements
» publics, comme envers les particuliers, de payer toutes
» les indemnités de droit, et d'observer toutes les formes
» prescrites par les lois et règlements en cette matière. »

Et les articles 170 et suivants de l'ordonnance pour
l'exécution de ce Code.

VII — Enfin l'article 438 du Code pénal qui porte :

« Quiconque, par des voies de fait, se sera opposé à la
» confection des travaux autorisés par le gouvernement,
» sera puni d'un emprisonnement de trois mois à deux
» ans et d'une amende qui ne pourra excéder le quart des
» dommages-intérêts ni être au-dessous de 16 francs ; les
» moteurs subiront le maximum de la peine ».

272 — Sauf ces exceptions, toute la législation antérieure est abrogée.

FIN

TABLE DES MATIÈRES

TABLE DES MATIÈRES

COMMENTAIRE

de la loi du 29 décembre 1892

ARTICLE PREMIER

ARTICLE 2

ARTICLE 14

ARTICLE 15

ARTICLE 16

ARTICLE 17

FIN DE LA TABLE

Paris. — Imp. Chérest, 92, Rue Lafayette

L'Outillage de l'Entreprise & de l'Industrie

A. POPINEAU & Cie

(ARTS-&-MÉTIERS : ANGERS)1875-1878)

PARIS — 1 bis, Rue Cadet, 1 bis — PARIS

*Propriétaire du Bulletin mensuel « L'Outillage de l'Entreprise et de l'Industrie »
contenant la liste du matériel disponible chez les Entrepreneurs de travaux publics
et les Industriels — (Service gratuit — Envoi franco sur demande).*

VENTE ET LOCATION DE MATÉRIEL
Neuf et d'Occasion

Locomotives	Dragues
Plateformes à ballast	Remorqueurs — Bateaux
Rails et accessoires de voie	Concasseurs — Broyeurs
Machines fixes et mi-fixes	Sonnettes — Pompes
Locomobiles — Chaudières	Matériel pour mines
Excavateurs	et travaux à l'air comprimé
Grues et Appareils de levage	Matériel de sucrerie
divers	et de distillerie

Bétonnière horizontale à vapeur

TYPE ADOPTÉ PAR LE GÉNIE MILITAIRE

Fabricant le béton sans préparation préalable du mortier

PETIT OUTILLAGE

Pelles, Pioches, Masses, Marteaux, Pinces, etc.
Aciers spéciaux pour Outils, Barres à mines, Burins, etc.

HUILES ET GRAISSES

BOULONS, CRAMPONS, TIREFONDS, CHEVILLETTES

BARÈME CALLET, Calculs tout faits pour journées d'ouvriers
avec et sans retenue 2 0/0 — Franco : **6** francs.

L'Outillage de l'Entreprise et de l'Industrie *se
charge de toutes fournitures pour les travaux publics et
l'industrie.*

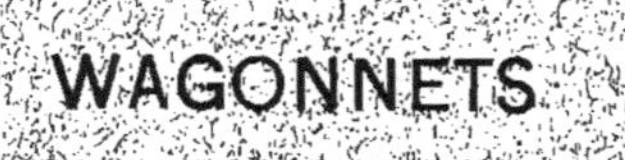

L'Outillage de l'Entreprise et de l'Industrie

A. POPINEAU & Cie
1 bis, Rue Cadet, 1 bis
PARIS

VOIES PORTATIVES
rivées ou démontables

AIGUILLAGES — PLAQUES TOURNANTES

WAGONNETS
de tous modèles

VENTE & LOCATION

A. POPINEAU & Cie
PARIS

www.ingramcontent.com/pod-product-compliance
Ingram Content Group UK Ltd.
Pitfield, Milton Keynes, MK11 3LW, UK
UKHW022319070726
13614UKWH00002B/835